十年題襟集

總 編 纂　林正三
執行編輯　洪淑珍
校　　對　王 前　許又勻
李玲玲　陳麗卿　甄寶玉

臺灣瀛社詩學會叢書
文史哲出版社印行

目次

序

駒光如矢，轉瞬之間，我瀛社創立至今已年屆期頤。回顧往昔於六秩、七秩、八秩、九秩皆有紀念集之梓行。而本年因屆整百，諸如「學術研討會」、「座談會」、「百年紀念特展」、「詩詞吟唱表演」、「全國詩人聯吟大會」等諸多活動項目，須有一本紀念集以資記錄。故將類似往昔之紀念集改顏《十年題襟集》。並由社員付費編印方式改由會方付費，使趨公平。至於社友間之閒詠作品，則另輯爲《瀛社風義錄》，而由參與會員付費，不使相淆。

本集迺輯錄本會近十年（九十七週年迄今）來之大小吟會作品（含課題與擊鉢）。然因數量龐大，故僅就各題前茅十名之作收錄，而九十周年全國大會及九十五年之立案成立大會則增爲左右二十名，其他概從割愛，萬祈鑒宥。

回顧本會近十年之變化，可謂既速且鉅。期間歷經三易社長，並於九十五年舉辦第一屆詩書畫聯展及完成立案登記。又早於九十四年八月二十四日即已完成專屬網站之架設，使本會得與資訊科技相接軌而不爲時代浪潮所汩沒。「耆舊凋零」正是目前我臺傳統詩壇之共同隱憂。就本會八十七年原有社友（含顧問55人）中，十年間下世者即逾二十餘，幾將半數。故培養新血，鼓勵有興趣年輕族群投入寫作爲本會當務之急。唯本會申請立案之初，即有友社詩盟質疑有向「傳統詩學會」挖掘會員之疑慮，故個人宣示除非自動申請加入而經銓審者，決不主動向他社挖角，此舉或能有所釋疑，殷望詞壇上大雅方家諒之。

詩，與夫全民日常之生活，莫不息息相關，亦是吾人生活之點滴記載。舉凡陶冶性情，轉移風氣，敦勵品德等，莫不以詩教爲先務，《禮記・經解篇》云：「入其國，其教可知也。其爲人也，溫柔敦厚，詩教也……」更由於詩的本身和諧之聲調，吟誦起來，特具抑揚頓挫之旋律美。能於潛移默化中，導人心於敦厚和平，故得以歷久而不衰。

由於我臺通行鄉土語言中之閩南語及客語，不論語音或讀音，皆仍保持唐宋時期之中古音聲調，對於唐詩宋詞之平仄，可謂出口即辨，乃是學習古典詩詞最方便處，此有助於臺灣之傳統詩學之推廣，並配合推動鄉土母語教學，以達到相輔相成之效果。對古典詩來說，未嘗不是再次隆盛之契機。

藝術創作原是莊嚴神聖的，必須揚棄玩票心態。以擊鉢爲主之遊戲性質必須積極改變爲創作性爲主之閒詠方式，敬請所有社友鑒此苦心。

民國九十七年杪秋林正三於惜餘齋

八十八年己卯

八十七年度冬至組八十八年元月廿四日於臺北市中山南路國家圖書館群賢餐廳（見《台灣古典詩》27期）值東：鄭火傳、李傳芳、杜文祥、駱金榜、楊阿本、康保延、蔡秋金、陳針銅、李宗波、鄭　強、莊德川、簡炤堃。

瀛社九十週年壽杜社長

左詞宗黃錠明先生選
右詞宗陳兆康先生選

左元右九　魏壬貴

吟旌高聳稻江濱，瀛社開基九十春。丕振文風除末俗，宏揚詩教勵騷人。
盍簪還契苔岑誼，觴詠寧忘道義真。虔祝杜翁長不老，承先啓後樂傳薪。

右元左九　蔡秋金

邵窩安樂媲神仙，又向瓶笙起茗煙。仁者果然登上壽，賀詞欣聽徹中天。
少陵家學詩如錦，北海吟筵酒似泉。今日還逢瀛社慶，是真雙喜報坤乾。

左眼右六　　鄭指薪

騷壇聯誼廣傳聞，舉國翩然蒞屐裙。業紹前賢扶大雅，力培後學振斯文。
稱觴並紀群芳節，創社欣當九十春。會啓南皮瓊席設，岡陵壽頌杜司勳。

右眼　　林玉山

九十春秋歲月長，瀛洲齊慶雅風揚。昭融天德新文采，舒應人情煥墨香。
時有佳辭匡社稷，常呈妙句燦邦鄉。先歌社長無疆壽，百二嵩齡再舉觴。

左花右十四　　陳焙焜

騷壇管領繼前賢，杜老功猷孰比肩。三絕壽公年九五，九旬慶社客三千。
德昭鯤島尊仁者，譽滿蓬瀛效謫仙。此日獻詩虔晉頌，心身長健福綿綿。

右花左四　　蔣夢龍

扶輪大雅著蓬瀛，社慶欣逢舉壽觥。變易三朝推杜老，滄桑九秩續詩盟。
雲松氣節猶清健，海嶠風騷博定評。南櫟而今皆已杳，獨留砥柱播天聲。

左五　　施良英

耄年免杖少陵翁，領導群倫世敬崇。卅載昌詩扶大雅，半生善舉建奇功。
詞章直追名家概，仁德猶饒古士風。卯歲欣逢瀛社慶，懸弧九十氣如虹。

右五　王　前

瀛社昌詩契雅儔，年登九秩眾歌謳。舉觴共誦岡陵句，把酒頻添海屋籌。
杜老懷仁應上壽，騷朋祝嘏頌千秋。更逢雙慶期頤近，吟興騰飛貫斗牛。

左六　吳漫沙

春秋九五筆猶香，慷慨扶輪美譽揚。賦寫珠璣迎萬吉，詩題錦繡接千祥。
樂群樂善家聲遠，仁德仁心鶴壽長。社誕佳辰雙慶日，八方鷗鷺競稱觴。

右六　鄞　強

雅會昌詩九十春，嚶鳴鷗鷺慶良辰。騷壇管領文風蔚，儒士謳歌正氣伸。
述聖韓公酬壯志，承賢杜老健吟身。相期五載期頤頌，子美才名世仰珍。

左七　黃義君

瀛社揚旛晉九旬，吉公掌執自無倫。山呼合獻仙根實，虎拜應呈竹葉春。
既誌咻鷗敦朴厚，尤懷引月勵貞純。祥光瑞彩宏雙慶，祝頌詩醪特地醇。

右七　林春煌

迺翁邀侶稻江東，瓊宴懸弧酒百盅。詩味草堂醇似聖，風流瀛社美如嵩。
孤懷共仰千年鶴，高壽誠如十八公。更喜九旬身尚健，期頤預祝樂融融。

左八　莊幼岳

鶴髮朱顏九五春，欣逢社慶共芳辰。會開北市聯吟盛，人比南朝雅興新。
鯤島騷壇尊祭酒，海陬聲教久扶輪。少陵家學傳詩遠，笑舉霞觴祝壽椿。

右八　許欽南

瀛社昌詩振海東，中興鼓吹建奇功。弘揚國粹開新局，啓迪民心晉大同。
筆挾風雷山嶽動，才舒正義斗牛沖。九旬慶典苔岑賀，獻壽騷朋頌杜翁。

左十右避　陳兆康

以瀛名社築瀛東，九秩恭逢頌杜公。家學原承工部筆，詞華蘊藉草堂風。
廿年主纛情彌篤，一志昌詩老更充。耄耋欣登猶朗健，稱觴祝壽媲衡嵩。

右十左二十　林正三

一幟飄揚壯海天，騷壇執耳仰高賢。草堂世業千秋迥，汐社風流九秩綿。
奪李呑曹詞苑客，松身鶴骨地行仙。他時待屆期頤日，廣集斯文敞壽筵。

次唱：餞年

左詞宗許漢卿
右詞宗洪玉璋先生選

左元右六　張開龍

寒梅帶雪吐芳妍，虎尾危機奮一鞭。同爇心香祈上界，相期海宇靖狼煙。

右元左十一　蔣夢龍

歲暮鑒詩餞舊年，欣逢臘八夕陽妍。都門書館留鴻爪，一社菁英萬古傳。

左眼右廿四　陳欽財

除寅接卯感時遷，歡送年光設盛筵。惟願安康隨歲到，風調雨順樂堯天。

右眼左避　許漢卿

辭寅送別窮酸日，接卯迎來富泰年。臘盡春回徵瑞象，平安互祝醉瓊筵。

左花右廿一　黃鷗波

虎逝將迎己卯年，千禧歲近會高賢。題襟鷗鷺欣龍馬，共餞殘冬迓暖天。

右花　吳漫沙

餞歲敲詩句細研，一時梅柳共蹁躚。安民利國非無策，定必新年勝舊年。

左四右十四　林青雲

寅歲嘉年訣一箋，了無悅懌祖流年。聖嬰厄閏頻施虐，迎卯虔祈弭蹶顛。

右四左十七　黃錠明

眼觀急景復凋年，爆竹聲中具綺筵。一曲驪歌分手去，猶同吟侶立門前。

左五右廿二　陳焙焜

餞歲依依惜舊年，久陳柏酒醉詩仙。吟成待聽椒花頌，虔禱雙親福壽綿。

右五　林玉山

梅林鵲噪玉堂前，怕見冬殘歲序遷。萬事欲爲春應計，良規如是慶年年。

左六右廿五　陳炳澤

岸楊待臘歲將遷，世事匆匆迫眼前。我亦有心如賈島，祭詩列酒送窮年。

左七　王　前

歲鼓頻催到耳邊，天開淑氣麗山川。待傾柏酒徵新運，玉兔臨門餞舊年。

右七左九　林春煌

祖餞江城話舊年，隴頭梅綻欲凝煙。今朝惜此提壺樂，共詠寒冬白雪篇。

左八　　　　　　　　　　　　　　　林正三

送舊迎新又一年，圍爐闔第共燈前。明朝好卜新機運，爆竹桃符燦大千。

右八左廿二　　　　　　　　　　　林韓堂

饕饕臘鼓歲將遷，山意衝寒又一年。吟興依然無雅句，祭詩亦敢學前賢。

右九　　　　　　　　　　　　　　鄭指薪

久客思親日夜懸，捐貲無力戍窮邊。勸君莫厭傾杯醉，記唱陽關又一年。

左十右避　　　　　　　　　　　　洪玉璋

鷗盟重價在春前，客歲將除感萬千。好向城東謀一醉，泰來否去迓新年。

右十左十四　　　　　　　　　　　陳兆康

光陰荏苒任推遷，馬齒徒增感萬千；我自辭年君守歲，殷勤寄望好明天。

八十八年（己卯）三月二十八日（農曆二月十一星期日），創社九十週年紀念暨全國詩人聯吟大會，假台北市濟南路一段開南商工大禮堂舉開。（載《古典詩雙月刊》期35期）

詩幟飄揚九十秋

左詞宗方子丹先生選
右　龔嘉英

左元右眼　雲林　蔡武揚

高飄吟幟稻江陬，瀛社嚶鳴九十周。摛藻手欣扶大雅，凌雲筆可抵中流。
繞樑有韻追元白，醒世無邪萃鷺鷗。禊繼斐亭于此盛，憑誰妙句占鰲頭。

右元左花　板橋　柏蔚鵬

瀛社高張正義旌，宣揚文化早馳名。百年亂世滄桑變，九秩騷壇雅韻清。
詩教原爲崇道德，吟鞭卻可退戎兵。鷗盟廣結如椽筆，兩岸同心頌太平。

左眼右四　田中　陳月琴

飄揚吟幟稻江湄，瀛社年週九十時。弘道同揮韓愈筆，敲金競詠杜陵詩。
宏宣國粹心猶切，鼓吹文風志不移。一幅高標揚大雅，騷魂磅礴壯邦基。

右花　　宜蘭　劉美雲

己卯花朝紀壯遊，揭櫫瀛社萃鷗儔。卿雲糾縵三千界，詩幟飄揚九十秋。
力挽狂瀾昭海嶠，高張正氣護金甌。飛觴祝嘏欣今日，萬丈文光射斗牛。

左四　　羅東　陳　梅

吟旌招展聳蒼穹，九十年來社運隆。嶺上元音揚大雅，竿頭正氣貫長虹。
侶招鷗鷺薰風拂，影動龍蛇暖日烘。缽韻悠揚舒捲裡，匡扶吾道共諸公。

左五右九　　高雄　栗由思

一幟高懸九十秋，昌詩衛道萃名流。衣冠濟濟人才盛，旗鼓堂堂筆陣優。
藜火薪傳培後秀，蘭亭禊事繼前修。欣逢社慶苔岑契，作賦同登庾亮樓。

右五左六十六　　台中　劉金城

大雅扶輪九十春，不教國粹付沉淪。吟旌飄盪盟鷗鷺，墨浪翻騰起鳳麟。
藝苑敲金詩矯俗，稻江衛道火傳薪。欣逢社慶苔岑契，抗手伊誰肯後人？

左六　　台北　劉駿逸

昔時創立盡高賢，瀛社榮名四海傳。豎幟飄揚年九十，傾觴誌盛客三千。
中興漢祚文光繼，大振天聲正氣綿。壇坫獻詩齊慶頌，錚鏦缽韻繞坤乾。

右六　　台北　陳榮弫

九十週年慶典開，吟旂招展古蓬萊。盍簪喜萃登瀛客，摛藻齊誇吐鳳才。
衛道志豪堅壁壘，拒倭筆憶掞風雷。社辰獻祝群賢萃，奎運謳歌百代恢。

左七右廿四　　基隆　王　前

高擎一幟稻江濱，瀛社昌詩慶九旬。洪老首開揚正教，杜翁繼起挽沉淪。
騷壇譽滿文光耀，翰苑才誇藻思新。盛會旗飄山嶽動，霞觴同醉頌花辰。

右七　　宜蘭　李登順

閱歷春秋九秩回，花朝獻瑞靄蓬萊。當年創社懷名士，今日揮毫盡雋才。
幟捲長傾三峽水，霜凌絕似一枝梅。欣欣大有中興象，俱是承先啓後來。

左八　　基隆　吳玉書

吟幟高飄禊事修，花朝盛會會良儔。稻江雅集三千客，瀛社欣逢九十秋。
培育後賢皆俊士，尊崇先輩盡名流。騷壇管領斯文振，價重雞林史冊留。

右八　　中壢　劉邦慶

吟幟高飄九十霜，元音繼往永流芳。千秋韻客盟瀛社，百代宗師重草堂。
國粹宣揚先哲盛，文風丕振後賢強。騷人輩出狂瀾挽，不輟薪傳衛道長。

左九　　　　　　　　高雄　呂　筆

清鏗雅韻力昌詩，九十週年肇遠基。學富五車尊倚馬，才儲八斗擅探驪。
莊翁碩德全球著，杜老高風舉國知。瀛社英華齊景仰，飄揚空際展吟旗。

左十　　　　　　　　龍潭　林雄騏

高張一幟卓鯤瀛，九十春秋社運亨。激濁揚清昌聖教，開來繼往啓文盲。
稻江月伴詩星朗，學院鐘諧缽韻鳴。欣值花朝隆慶典，衣冠濟濟醉吟觥。

右十　　　　　　　　永和　歐陽炯

雄才秀士競風流，共掌詩旌九十秋。健筆百枝凌海宇，文光萬丈耀瀛洲。
巍巍峰岳恢心鏡，浩浩溪河盪老眸。風雅遞傳薪不熄，名山事業傲公侯。

左十一　　　　　　　南投　吳振清

一幟高飄壯北臺，星霜九十缽長催。薪傳韻學功端俗，鼓吹文風績挽頽。
藝苑頻盟鷗鷺侶，騷壇力育棟樑材。花朝社慶懷洪老，舉國詩賡客湧來。

右十一　　　　　　　台北　楊紋生

九秩懸弧海嶠東，群賢畢至興無窮。北台文物吟聲壯，南國衣冠氣象雄。
屯嶺雲濤生腕底，稻江水色入杯中。蒸蒸社運今逾昔，牛耳騷壇藻思融。

左十二　台南　蔡宜成

北台瀛社幟高懸，九十星霜鉢韻傳。把酒言歡同獻頌，賡詩唱和共推箋。
以南創立千秋壯，萬吉扶輪一脈延。己卯花朝逢誕慶，揚清激濁有餘篇。

右十二　板橋　陳秋瑩

社以瀛名一幟飄，年臻九秩慶花朝。壇壝管領尊盟主，翰苑雄麾認指標。
祝嘏聲喧屯嶺月，聯吟韻激淡江潮。都門此日春如海，賦賀鴻詞句自嬌。

左十三　佳里　吳素娥

飄揚大纛萃鷗儔，白戰騷壇九十秋。瀛社前賢欣輩出，首都元老擅風流。
班香宋豔齊傳誦，北調南腔合唱酬。爭仰杜公牛耳執，詩名永著海之陬。

右十三　台中　王命發

中華未誕鉢先鳴，瀛社吟哦九十庚。志繼斯庵人薈萃，情懷屈子筆崢嶸。
爲期寶島興唐韻，無懼東洋振漢聲。己卯花朝逢會慶，詩揚稻水杜揚名。

左十四右廿五　宜蘭　吳志賢

吟幟飄揚九十秋，擎天一柱砥中流。詩昌北市開新運，社繼東寧起壯猷。
正義伸張功赫赫，狂瀾倒挽史悠悠。期頤有約花朝日，再醉葡萄酒滿甌。

右十四左廿五　　基隆　張明萊

海國騷風繼漢唐，唱酬瀛社鉢聲揚。星霜九十清流湧，雅頌千篇正氣昂。
後輩承傳懷往哲，前賢教化有規章。衣冠濟濟同歡慶，詩幟高飄奕世昌。

左十五右廿六　　羅東　張正路

花朝瀛社紀豐功，聖教宏宣譽望隆。客萃三千申燕賀，年經九秩振騷風。
奇才吐鳳吟情逸，妙手探驪筆陣雄。一幟高飄揚北市，文光射斗貫長虹。

右十五左十九　　台南　姜金自

三臺碩果大名留，一幟高飄九十秋。講述詩文聲朗朗，聯歡鷗鷺韻悠悠。
培桃育李誇多士，扢雅揚風展壯猷。節屆青年開盛會，中興鼓吹盡良儔。

左十六　　大甲　陳清榮

吟幟飄揚九十春，花朝鷗鷺壽芳辰。詩歌瀛社騷風振，雅勝蘭亭錦繡新。
譽播雞林雄筆陣，名標鯤島羨文人。聯翩裙屐同稱頌，大業千秋正氣伸。

右十六　　中和　高嘯雲

黃炎後裔深榮幸，縱陷胡塵淚肯垂。焉用逢人多說義，但憑尚志好昌詩。
蓬瀛葆尚華風地，里社看還漢臘時。聲教早移倭寇運，謳歌天日煥旌旗。

左十七　　鹿港　吳東源

瀛社風流夙有聞，堂堂壁壘擁雄軍。廣尋墜緒推先覺，丕振元音自不群。
讌集觴飛圓嶺月，旗飄影拂稻江雲。春秋九秩功深著，壇坫人來獻頌文。

右十七　　雙溪　吳水秋

雞林瀛社最名流，吟幟高飄九十秋。缽震淡江穿北斗，詩揚翰海貫南州。
宏圖麗澤承先哲，鼓吹風騷展大猷。令旦花朝齊慶頌，薪傳後繼德才優。

左十八　　基隆　黃國雄

築壇立幟值花辰，歷閱滄桑九十春。昔與櫟南三鼎峙，今遺鯤北一麾新。
聯吟韻激屯山月，祝嘏聲喧淡水濱。此日欣偕瀛社侶，躬逢盛會賦詩頻。

右十八　　雙溪　藍朝瑞

巍巍瀛社德聲隆，九十春秋厥偉功。大雅旗飄揚國粹，中興鼓吹振騷風。
朋儔滿座樽頻舉，珠玉盈篇句倍工。文運宏開聯鷺侶，鏗鏘筆陣氣如虹。

右十九　　台北　林振盛

保存國粹著鞭先，一幟光輝九十年。倒挽狂瀾舒隻手，復興文運負仔肩。
探驪技擅風騷體，倚馬吟成李杜篇。自昔詩壇尊祭酒，扶輪扢雅領群賢。

左二十　　員林　蕭貴華

大屯山下樹吟旌，社慶欣逢九秩更。鼓吹騷風承道統，宣揚國粹繼朱程。
春風孕育多才俊，化雨資培眾傑英。韻震鯤瀛聲遠佈，文光射斗聳崢嶸。

右二十　　張泰軒

詩幟飄揚九十秋，騰蛟起鳳契吟儔。整齊筆陣三臺冠，鼓吹騷風一脈遒。
衛道憶衝倭劫火，興文誓固漢金甌。杜翁領導黃莊輔，大放奎光燦九州。

次唱：詩人杖

左詞宗　林欽貴先生選
右詞宗　陳俊儒先生選

左元　　板橋　陳秋瑩

騷人皆健朗，攜杖陟高岡。踏月尋佳興，穿雲覓綺章。
敲門迎摯友，懸酒潤詩腸。樂道安天命，吟軀得壽康。

右元　　　　　　陳淑清

覓句欣相伴，追隨日月長。柳間持聽鳥，花下拄聞香。
曾曳孤山雪，還沾庾嶺霜。尋芳常在手，自笑爲詩忙。

左眼右八八　　　　　　江　沛

澤畔行吟久，扶筇步履康。但教渠在手，每易句成章。
檢韻燃藜火，尋芳荷錦囊。興來時擊節，人說是詩狂。

右眼左十八　　　　　　黃坤楨

騷壇知老我，選杖上山莊。嫌竹心虛弱，裁藤質尙強。
行吟攜健步，採藥可擔箱。愛汝無枯朽，隨身壽且康。

右花　　　　　　高去帆

長共騷人伴，行吟翰墨場。探梅憑倚仗，臨水賴扶匡。
步月尋疏柳，挑雲過野塘。一枝常在手，佳什滿奚囊。

左四　　　　　　陳珠碧

曳杖步康莊，賢儒國粹揚。嘉名覃德澤，上壽富文章。
九秩謳瀛社，千秋壯海疆。群英欣薈萃，獻頌百年昌。

右四左五

攜來添雅興，扶我過東牆。不計籐粗細，何嫌竹短長？
吟哦堪擊節，徙倚好尋章。最是歸途重，挑回句一囊。　鄧　壁

右五左四二

詩人攜手去，藻思自成章。長伴風騷客，追隨翰墨場。
聖賢爲柱杖，仁義可衡量。何獨撐腰健，扶持句更香。　林振盛

左六右七六

九節欣相伴，鏖詩不憚忙。風騷追李杜，韻事紹虞唐。
瀛社天聲振，稻江國粹揚。會參多耆老，曳杖老彌強。　呂碧銓

右六

扢雅騷人老，扶危濟世忙。一條嗟鳳噦，九節化龍翔。
情寫傷時句，詩吟愛國章。叩笻夫子願，壇坫作干將。　蔡仙桃

左七

扶杖臨瀛社，耆英不憚忙。中興宣國粹，大雅起儒香。
弘道元音振，昌詩正氣揚。一條兼九節，盛會步安康。　呂淑卿

右七左八九　張國裕

慣伴風騷客，扶登翰墨場。行經春九十，陪得步安祥。
覓句攜瓢可，尋幽拄地長。縱橫詩世界，快意履康莊。

左八右六十　曾銘輝

杖國杖朝郎，相偕樂壽康。醒頑清陋弊，斥逆振綱常。
買醉懸錢好，行吟助興長。世途多險峻，扶我步昂揚。

右八　饒呈榮

自入稀年後，難期步履康。出門添一枴，禦敵當雙槍。
涉水穿雲速，尋詩覓句忙。行藏全賴此，伴我已時長。

左九　陳友竹

嘉辰閒覓句，扶杖陟高岡。柳下聞鶯喜，花間賞蝶忙。
時時持步月，處處曳尋芳。夙有耽詩癖，行歌莫笑狂。

右九　陳福助

吟壇憑倚徙，儀範凜冰霜。推得詩詞逸，扶來步履康。
短鳩鷗鷺伴，禿筆馬班香。一著橋東異，聲傳翰墨場。

左十　陳芙蓉

一杖權威在，騷壇管領望。扶危身永健，引導志高昂。
後秀憑鞭策，先賢合頌揚。唯君常伴我，隨處好風光。

右十　陳進步

扶我騷壇去，蒼籐九節長。挑雲尋藻富，擔月賦詩忙。
鶴膝非凡俗，龍頭屬老莊。一枝常在手，覓出好文章。

左十一　呂姿媛

曳杖耆英萃，昌詩不憚忙。中興同鼓吹，大雅共宣揚。
助力精神健，尋芳步履康。一條看九節，扶我上詞場。

右十一　李永松

一枝常在握，伴我挂詩囊。幾訝鳩形化，渾疑鶴算長。
先賢鞭策日，後學筆凌霜。扶老登瀛社，千秋大雅揚。

左十二　許漢卿

騷人持寶楖，到處樂徜徉。臨沼觀魚躍，穿林望鳥翔。
挂錢堪買醉，步月好尋芳。助我吟思振，鳩扶彩筆揚。

右十二　陳美齡

九節隨身用，攜笻出遠方。掛錢心憶阮，櫜筆志師王。
締鷺三呼頌，扶鳩百壽長。騷壇君子杖，大好護台疆。

左十三右卅三　李春榮

賴汝青藜杖，尋詩過草堂。選詞誇宋豔，摛藻媲班香。
喜伴風騷客，追隨翰墨場。行吟時一拄，警句有光芒。

右十三左卅六　李舒揚

扶我橋東過，城春翰墨香。藜笻聲逸響，躑躅興偏長。
愛國同韓老，匡時媲陸郎。江山憑一杖，佳句入奚囊。

左十四　蔡如玉

尋芳頻策杖，覓句逛東皇。草嶺櫻花麗，稻江藻思香。
霸才追屈宋，大筆繼虞唐。立志積風挽，堅心禮樂昌。

右十四　游祥明

策步竹笻匡，騷翁壽且康。攜來陪踏月，挂去伴傾觴。
擊缽孤莖勁，催詩九節揚。花朝瀛社慶，共詠好詞章。

左十五右卌八　周士微

九節龍頭健，隨身汝亦忙。尋春挑酒榼，覓句掛詩囊。
拄赴風騷地，騁馳翰墨場。人來歌社慶，祝嘏醉何妨。

右十五左卌七　陳啟賢

青筇攜助老，詩教共宣揚。直並春秋筆，勤扶翰墨場。
挂錢陶散策，沽酒阮羞囊。化險憑君力，高吟匹盛唐。

左十六右五六　鄭許玉藤

勝會攜筇往，詩人逸興長。清詞篇洒洒，白戰韻鏘鏘。
淡水春風拂，文山淑氣揚。扶吾腰腳健，搖曳步康莊。

右十六　俞富子

瀛社扶人瑞，咸欣九節昂。花朝來耄耋，祝嘏萃賢良。
道統元音振，風騷正氣張。持筇欽老輩，創業築文場。

左十七　江建德

一杖長隨手，老來藉伴行。同君登絕巘，共我進闈場。
展步尋詩料，繫肩佩橐囊。過橋休厭棄，歲月可徜徉。

右十七　龔高華

倚汝原詞客，春扶入帝鄉。喜尋瀛社侶，來詠楚騷章。
掌握心猶慮，提攜願可償。負恩人不少，橋過杖終忘。

右十八　莫月娥

一拄騷壇重，扶危力挽強。鳩形欣不噎，鶴算共稱觴。
錢挂吟情溢，肩擔鬥句長。竹笻功砥柱，九十墨餘香。

左十九　魏紅柑

扶笻鷗鷺契，耆老志堅強。韻事追先晉，詩風紹盛唐。
會參憑竹杖，宴啓醉霞觴。九節欣長伴，助吾聖教昌。

右十九　陳進雄

君子偏須汝，隨身出遠方。騷壇鳩刻杖，翰苑客稱觴。
延壽詩謳杜，扶傾筆頌黃。一枝如大將，破竹勢難當。

左二十　楊龍潭

花朝逢社慶，鳩杖顯風光。藜策安危護，詩吟翰墨香。
指迷猶振鐸，啓聵又維綱。一柱擎天勢，化龍萬里翔。

右二十　李元貞

攜榜參吟會，風人萃一堂。低吟依木杖，高詠入瑤章。
得句珠璣唾，扶筇手足強。騷壇憑管領，九節壯詩腸。

八十八年花朝組例會於吉祥樓餐廳舉開。未有課題。（見《古典詩雙月刊》34期）

次唱：履新宴

左詞宗許漢卿先生選
右詞宗林彥助先生選

左元右十八　莊德川

黃公履任宴聯歡，弘道扶輪李杜壇。斗酒十千詩百首，同揮彩筆振文瀾。

右元左廿二　楊振福

碩儒重整漢衣冠，排宴履新鷗鷺歡。瀛社共推黃教授，高飄詩幟壯騷壇。

左眼左廿四　林振盛

黃老賢才媲子安，肩擔瀛社領騷壇。履新欣見開宏宴，賀客如雲酒似瀾。

右眼左花　　李宗波

一振雄威上將壇，履新宏宴酒翻瀾。江西有裔延龍首，主宰無私一片丹。

右花左十五　　林玉山

名揚畫界仰詩壇，瀛社承擔喜氣歡。壯志伏祈膺大策，群倫今祝百杯乾。

左四右十一　　唐　溶

鷗翁翰墨壯波瀾，三絕聲名震杏壇。才德長孚君子望，履新宴上盡同歡。

右四左十　　蔣夢龍

蓬瀛欣見湧文瀾，鷗鷺忘機碧海寬。最喜履新開盛宴，定期一社領騷壇。

左五右十　　許欽南

波翁齒德譽騷壇，瀛社詩朋藻思寬。榮任履新開綺宴，傾樽高詠盡情歡。

右五左十一　　駱金榜

履新筵啓鷺鷗歡，書畫詩文並可觀。齒德俱尊膺舵手，宣揚國粹耀騷壇。

左六右廿七　　黃錠明

詩書畫藝著騷壇，道德文章媲柳韓。山谷春來膺大任，市樓樽酒徹宵歡。

右六左二十　許又勻
爲慶黃翁共盡歡，騷人聚首醉騷壇。今朝瀛社推元首，才德雙全壯大觀。

左七右十二　李梅庵
黃公譽望振騷壇，瀛社詩朋盡笑歡。今日吉祥樓上宴，金杯喜共履新乾。

右七左廿八　吳玉
俊彥聯翩墨跡寒，吟筵宏敞酒呼乾。肩挑大任憑黃老，一展雄才壯藝壇。

左八右十四　洪玉璋
喜迓司盟醉一團，履新大任祝開端。杜公榮退黃公繼，勝侶頻添壯詠壇。

右八左十三　吳漫沙
吉祥樓上盛杯盤，鷗鷺筵前重整冠。社長黃翁孚眾望，相期光大我騷壇。

左九右十三　曾銘輝
先生未可等閑看，詩海揚風起壯瀾。宴祝吉祥新掌舵，領來瀛社盛騷壇。

右九左避　許漢卿
接任龍頭砥石安，廣邀新血注吟壇。雄才健筆輝瀛社，美酒佳餚四座歡。

清和組例會開於吉祥樓，值東：林英貴、吳　玉、張添財、陳焙焜、張埴爐、林彥助、許欽南、許哲雄、翁正雄、林正三，詩稿佚失。

觀蓮組例會開於吉祥樓，值東：林錦銘、吳漫沙、黃錠明、陳炳澤、黃義君、張開龍、施良英、林振盛、許漢卿、康濟時。

銷夏詞

左詞宗蔡秋金
右詞宗林正三　先生選

左元右花　洪玉璋

雲作縑緗地作箋，一番拈出一番玄。納涼句拾青山外，逃熱杯浮綠水前。
六月江城來俊彥，千秋翰墨證因緣。何多勝事添幽思，曉寫荷花暮聽蟬。

右元左五　黃錠明

赤帝司權溽暑天，冰紈雪藕共流連。座中宜締斯文客，世外常攀翰墨緣。
扇引清風圖卻熱，棋消永晝漫攤箋。詩家不學趨炎輩，笑指清涼近酒邊。

左眼　　張開龍

逭暑苔岑話素衷，鷗盟無畏火雲烘。襟題夏日詩盈篋，觴繼端陽酒不空。
相與澄心惟皎月，耐煩解慍似薰風。蟬鳴嘒嘒庭槐上，喚起人間未醒翁。

右眼左二十　　林彥助

雨洗高林散夕涼，閑迎蟾魄上山岡。神幽寄趣依芳樹，意逸尋真步曲廊。
綽約一池舒菡萏，嬋娟千里映篔簹。南薰自可消炎暑，神泰微吟賞月光。

左花右廿三　　林振盛

驕陽杲杲炎威展，汐止山中避暑宜。屋上森林凝冷氣，溪邊流水引新詞。
有情好色原無忝，負責論詩總出奇。十丈紅塵拋袖外，蕩平三伏綠陰披。

左四右二十　　李宗波

掃榻攤書小院東，催詩雨急佛桑紅。窗前坐對吟聲朗，硯畔沉思筆陣雄。
日焰傘張風力減，夜深雲散月明中。我來欲解清涼味，冰水何堪認夏蟲。

右四左六　　許欽南

自我前年號懶夫，交游謹慎莫同趨。倦來高枕尋幽夢，興到拈鬚看畫圖。
君璧千松排澗壑，心畬萬舸集江湖。誰云夏日難消受？不畏炎威俗慮無。

右五左十　　陳焙焜

池寬荷淨正飄香，盛夏騷人競納涼。繞渚尋詩來泛棹，引泉載酒好流觴。
調冰滌暑吟情溢，啖藕消炎野興長。最愛南薰歌一曲，妙詞傳遍水雲鄉。

右六左廿四　　林玉山

夏長消暑入山陰，薰沐靈芬啓道心。芳圃鳥鳴花弄影，叢林鐘響谷傳音。
閑來觀瀑尋煙徑，興至驅雲渡嶺岑。神泰融融忘物我，悠然自得釋塵襟。

左七　　蘇逢時

屐聲裙影蕩時髦，來泛江城一小艘。萬頃清流無暑氣，十分涼味起風騷。
南薰解慍吟懷爽，細雨消炎逸興高。且喜相邀瀛社侶，冰心獨抱有詩豪。

右七左廿三　　黃鷗波

驕陽威逞日長天，避暑尋涼計不全。冷氣猶嫌無雅趣，水村卻愛有深淵。
招來孫輩資詢問，齊說灘頭感泳鮮。老少偕遊滄海裡，戲波滌熱樂如仙。

左八右八　　施良英

酷熱炎蒸六月天，江城雅會萃群賢。敲棋差覺精神爽，品茗猶教俗慮蠲。
乍奏南薰聊解慍，何如槐下聽鳴蟬。儒冠價賤詞消夏，酒熟詩成意惘然。

左九右十五 許漢卿

可畏如爐火熱侵，招涼避暑入松林。蔭遮日影薰風發，泉滌塵軀爽氣臨。
切藕調冰消口渴，烹茶覓句豁胸襟。趨炎附勢悲時局，苦海何人拯眾黔。

右九左十一 吳漫沙

燒空烈日熱焚天，避暑山莊學坐禪。鳥語啁啁雞喔喔，蟬鳴嘒嘒蝶翩翩。
蓮池水暖催花醒，竹院風涼抱枕眠。世路崎嶇多陷阱，是非莫染策安全。

右十左廿一 楊振福

烈日當空鳥不飛，火雲蒸夏好風微。追涼竹徑歡尋筍，游戲溪流樂釣磯。
最愛房中吹冷氣，何愁屋外熾炎威。樽開麥酒摻冰角，鵜鰈連杯對酌揮。

次唱：慎　言

左 詞宗 陳焙焜 先生選
右 詞宗 楊振福 先生選

左元右十八　　　　　　　　　　　　馮嘉格

言忠信不損公私，眷吉招祥在即時。立命安身謙致福，當仁豈敢背先師。

右元左十八　　　　　　　　　　　　林正三

快語休教逞出奇，肩承大任費覃思。時然後說邦家福，佇願元戎善自持。

左眼右四　　　　　　　　　　　　李梅庵

有道言行要慎思，慮深謀遠較爲宜。豈能逞快隨君興，災難臨頭悔已遲。

右眼左二十　　　　　　　　　　　　林麗珠

決策高層謹慎思，毋教快語惹民疑。元戎有志安邦國，眾口同心是所期。

左花　　　　　　　　　　　　　　　蘇逢時

二十篇中盡口碑，服膺謹慎志無移。孔門論語須深究，正氣千秋習禮儀。

右花左四　　　　　　　　　　　　　張垣爐

語多必失世皆知，既出之辭馬不追。開口三思而後發，慎言謹事總相宜。

左五　　　　　　　　　　　　　　　許又勻

詩人筆力話真知，洞察三千勿自私。聖者慎言無妄語，莊嚴妙相淨靈基。

右五左十六　　黃鷗波
蚌因開口鷸禽欺，言慎侯英重典儀。禍出嘴中須謹記，莫教喋喋樂生危。

左六右廿三　　洪玉璋
禍從口出世人知，謹守如瓶切莫疑。多少英雄因酒後，喃喃自語誤邦基。

右六左十　　陳欽財
一言九鼎固邦基，聖訓從來不可欺。最是君王宜謹慎，三台命運繫於斯。

左七　　楊振福
邦家即使太平時，笑傲婆娑必適宜。君子一言如駟馬，驅風掣電亦難追。

右七左十九　　駱金榜
為官治政似良醫，一致言行萬世規。奉勸全民多警覺，免教妄語喪邦基。

左八右十三　　林彥助
君子謙謙拙妙辭，惟真敦德可為師。一言興喪關邦國，慎莫輕言悔笑遲。

右八左十七　　王　前
信口開河放厥詞，是非顛倒誤邦基。為人處世能無慎，利弊權衡重省思。

左九 吳裕仁

愼言處事且聽之，啓迪人心應記危。信用隨身宜緊要，禍從口出好爲師。

右九左十三 蔡秋金

有苦無言只受欺，古來雄辯要雄詞。夜郎自大情難解，讜論扶持趁早期。

右十 王錫圳

令色巧言簇錦奇，讀書明道共宗師。禍從口出須防愼，駟馬難追是語詞。

由臺北科大國際獅子會主辦，邀請瀛社成員爲臺灣景點題詠，藉以提昇名勝地區之文化氣息，使勝景與名篇相爲表彰，並振詩風，宏揚詩教。八十八年適逢陽明山國家公園管理處成立十四周年之慶，爲配合該處活動，特舉辦詩作徵選、吟唱表演、書法揮毫等一系列藝文活動。九月十一日於陽明書屋。

訪陽明書屋

左詞宗 陳榮弡 先生選
右詞宗 劉 榮 生先生選

元　左避右二　陳榮弡

名山書屋勝蘭亭，境遠紅塵近七星。曾是元戎棲息處，一花一木挹餘馨。

眼　右一左五　陳欽財

行館曾經駐總戎，軍籌日日策興中。鼎湖龍去聲塵杳，唯見杉松拂晚風。

花　左一右六　姚孝彥

草山蓊鬱矗書齋，簾捲淡河天外來。偉績騰芳青史列，撫摩遺物久低徊。

臚　左七右十一　李春榮

陽明書屋應時開，有客如尋二酉來。自是名山多勝跡，一回瞻仰一低徊。

翰　左十五右五　許漢卿

大屯雨過花林郁，關渡風來翰墨香。文物賞觀懷聖哲，群倫仰止沐恩光。

六　左十四右九　蔣孟樑

凌雲書屋號陽明，野鳥山花共放鳴。萬樹奇峰環福地，都城煙景最風情。

七　左廿一右三　許欽南

陽明書屋綠如茵，傑閣重樓奐美輪。褒像雍容瞻踧踖，四時花木自長春。

八　左十二右十二　林麗珠

背倚名山俯翠流，陽明書屋景偏幽。仰瞻文物懷先哲，復土雄心恨未酬。

九　左三右廿二　翁正雄

踏遍屯山第幾程，秋風送爽入陽明。蔣公行館憑闌久，遙望淡江天宇清。

十　左六右十九　陳焙焜

恭探史蹟念先賢，書屋題詩感萬千。紗帽七星騷客醉，陽明風月總無邊。

中秋組例會開於吉祥樓餐廳，值東：王　前、李智賢、蔣孟樑、林青雲、陳欽財、林麗珠、黃國雄、鄭水同、林春煌、蔡柏楝。（見《古典詩雙月刊》34期）

江城秋望

左詞宗黃錠明先生選
右詞宗蘇逢時先生選

左元右二十　　許欽南

屯峰瘦削入秋寒，極目江城感百端。關渡潮翻歸棹急，淡江浪捲夕陽殘。
歷諳世事胸爲闊，久閱人情眼亦寬。棖觸不勝憂國恨，那堪蟹蟹盡朝官。

右元左十　　林正三

扶筇獨自上江亭，放眼蒼茫任醉醒。紆結情懷縈北渚，支離樓閣憶東星。
望中秋水猶銜咽，劫外西風盡帶腥。蓬島山川陵谷變，騷辭強以慰生靈。

左眼右眼　　吳漫沙

莽莽乾坤豁老眸，泉山晉水思悠悠。寒蟬斷續疏林外，夕照悽涼古渡頭。
孤鶩飛迴霞正落，群鴉噪後日將收。詩家共惜韶華逝，宜醉江城碧玉樓。

左花右十九　　李宗波

淡江江水鐵沉沙，泛海惟浮博望槎。塞外征夫彈劍鋏，船中商婦泣琵琶。
酒樽寄興存豪氣，籬菊經秋感歲華。無那箋天橫雁字，倚欄放眼數歸鴉。

右花左七　　賴添雲

躡磴陽明八月天，江城回望感無邊。粼粼淡水彎彎繞，矗矗高樓密密連。
萬點燈光如玉撒，千條道路似絲編。人車碌碌忙何事？飽暖無憂一覺眠。

左四右六　　陳炳澤

秋聲颯颯樹柯搖，獨眺江城感寂寥。落葉隨塵風捲地，飛鵬翹首翅沖霄。
紅楓色豔騷人賞，白露珠明草木凋。不測災情騰海島，群黎困阨惹心焦。

右四左十九　　蕭焕彩

八月行吟好個秋，淡河如帶水長流。洲濱荻動聲蕭瑟，渡口鷗閒樂優悠。
結伴登高同唱和，成天攬勝任遨遊。陽明山上風光美，極目江城一望收。

左五右七　　施良英

都城秋暮不勝寒，獨上危樓縱目觀。憲改堂中誇快捷，震災場外話艱難。
稻江綠轉波千頃，屯嶺紅搖日幾竿。莫令民疑無善政，但教到處慶安瀾。

右五左八　　駱金榜

觀音山上望青垠，氣爽秋高絕俗塵。東眺稻津城似壘，西眈海峽浪翻銀。
帆揚淡水波光麗，雲駐屯山樹色新。極目天涯無限好，吟詩作賦萃騷人。

左六右十四　　許漢卿

又報涼飆度碧岑，欣乘勝日且幽尋。大屯山色迎眸豁，關渡水光載筆吟。
爛漫花開三徑菊，淒清韻繞萬家碪。舉目江城傷地變，思鱸悵觸故園心。

右八左十一　　翁正雄

西風蕭颯過江城，秋水長天一色清。關渡稻黃波萬頃，屯山蘆白影千莖。
震餘孤雁飛無力，災後群黎慟失聲。悵望川原悲故里，最難將息是離情。

左九右避　　蘇逢時

近水高臺聳碧空，江城不與夏時同。屯山色霽騰佳氣，稻渚波平掛彩虹。
作賦揚雄誇吐鳳，登樓王粲盼飛鴻。落霞孤鶩斜陽外，粧點秋容入眼中。

右九左十四　　曾銘輝

獨上長堤雁有聲，屯峰影瘦映都城。登樓莫滴離鄉淚，看月當懷故土情。
棹鼓中流關渡遠，雲飛南麓指山明。江頭蹀躞多吟緒，颯爽秋風拂晚清。

右十左十三　　黃鷗波

江城展望已深秋，路樹搖黃映畫樓。屯嶺青雲遮日影，淡河白水戲鷗儔。
驚聞災震紅羊劫，怕見哀鴻血淚流。破碎家園祈早建，同心協力是良謀。

次唱：震　災

左詞宗許漢卿
右　　蔣夢龍　先生選

左元右六　黃錠明

地覆天旋日色昏，震區到處是啼痕。救生卹死和衷貴，義助災黎建故園。

右元左十八　蘇逢時

搖搖一震轉乾坤，屋倒山崩地裂痕。未忍同胞淪浩劫，亦須鼎力拯元元。

左眼右十二　黃鷗波

人亡屋倒失家園，破碎天倫盡喊冤。浩劫紅羊雖已過，中樞善後莫辭繁。

右眼左十三　曾銘輝

地牛攪地測無門，人禍天災怨幾番。家不團圓秋夜冷，椎心最是悼悲魂。

左花右十一　陳欽財

百年首見地牛翻，路塌樓傾遍斷魂。鯤島瘡痍成國難，救災合力復家園。

右花左廿四　許欽南

傑閣崇樓一瞬翻，震災慘狀眾驚魂。世間成毀都如此，留與莊生仔細論。

左四右十七　　施良英

天搖地動暗驚魂，屋塌人亡數百村。幾見災情如海嶠？同心重建舊家園。

右四左十七　　楊振福

半夜神牛地底翻，夢中搖醒眾驚魂。方圓百里遭災厄，遍野哀鴻哭斷垣。

左五右十六　　馮家格

山崩地裂毀家園，國際鄰邦致力援。博愛精神真偉大，災區得救永銘恩。

右五左十　　蘇心絃

地震山崩欲斷魂，摧殘萬戶與千門。流離失所真淒慘，無數災黎待救援。

左六右七　　林正三

山移地坼震乾坤，觸目三台盡劫痕。一霎傷亡逾鉅萬，上蒼那未恤黎元。

左七右十九　　莊德川

山崩地裂震川原，屋倒人亡劫滿門。奮勇殷憂能啓聖，自強不息樂生存。

左八右十　　駱金榜

集集山城變鬼園，殘樓斷壁夜驚魂。生人無水糧猶缺，仰望全民速送溫。

右八左十六　李傳芳

台灣埔里震災原，處處山崩樓屋翻。天禍堪憐無可救，兩千餘命作冤魂。

左九右十五　許又勻

驚人地震一時翻，遍地哀鴻悼廢園。幸得家親無事故，平安長喜感天恩。

右九左十五　翁正雄

強震侵臨集集村，百年浩劫看驚魂。移山倒海樓全毀，詩筆哀亡不忍言。

光復組例會開於吉祥樓餐廳，值東：李傳芳、駱金榜、馮嘉格、楊振福、蔡秋金、鄭強、莊德川、黃天賜、許又勻、張慧民。

迎接千禧年

左詞宗許漢卿先生選
右詞宗林青雲先生選

左元右七　陳焙焜

起元基督誕生年，世紀曾經十九遷。迎接千禧興社稷，招來百祿蔭山川。
潮流競學新科技，政績還追古聖賢。喜待王春開泰運，人人發跡福綿綿。

右元左十五　吳漫沙

笑余缺舌話潮流，迎接千禧酒滿甌。海島縱橫爭逐鹿，廟堂變幻望封侯。
登高怕睹瘡痍局，遣興驚逢勢利儔。政治無緣心自泰，把竿穩坐釣魚舟。

左眼右十八　陳欽財

堂皇世紀晉新庚，燦爛公元兆景榮。年屆千禧中外接，歲充百福古今迎。
欣欣社會崇倫理，靄靄黔黎享太平。樂利安和桑梓茂，聖嬰不見富民生。

右眼左四　林正三

日月推移歲序更，千禧年屆笑相迎。非關立異崇他俗，唯待揚鞭壯我情。
科技釀成新世紀，人文蘊就好前程。憑誰奮起驍騰志，大策鴻基一柱擎。

左花右花　蘇逢時

公元應律喜成千，迓得金龍現瑞年。麻里江頭陳酩酒，吉祥樓上聳詩肩。
江山錦繡吟珠玉，鄉國韶光奏管絃。海晏河清歌盛世，群黎共享自由天。

右四左廿三　張耀仁

冀望將來大道昌，和平相處地球鄉。資財產業增光彩，網路交通放異芒。
政治維新民樂利，人心淨化國安康。精神物質同時進，迎接千禧納吉祥。

左五右十一　莊德川

迎接千禧大有年，同根兄弟勿相煎。一期兩岸干戈息，再盼雙方玉帛連。
國計和平邦富足，民生樂利眾安全。誰謀社稷群黎福，慎選英明總統賢。

右五　李梅庵

九九年如臘炬殘，千禧欣迓共交歡。全民渴望能長治，一己徇私難久安。
大話雄辭須謹慎，陳腔濫調莫重彈。本真少作浮誇事，入室登堂路自寬。

左六右十二　許又勻

天行長健快加鞭，春去秋來日月遷。忽忽千禧將共迓，悠悠萬世自綿延。
立言立德民歸厚，行信行仁世尚賢。百載難逢迎此刻，陶然共醉樂堯天。

右六左十八　翁正雄

新紀行將邁兩千，吟詩獻瑞起龍眠。關心國士雙人配，走眼豳風七月篇。
政主三民趨一統，商通四海串全聯。廣興資訊揚文化，世界宏觀肇此年。

左七右廿一　許欽南

迎接千禧勝利年，自由民主眾心堅。圖強科技求升級，致富投資正領先。
海峽交流新道暢，國臺對等舊籬蠲。豐衣足食花叢醉，不羨神仙我亦仙。

左八右九　黃鷗波

世紀欣逢九九巔，鴻鈞待轉歲雙千。歐人驚恐禧蟲害，漢裔欣期瑞氣連。
兔走厄消除舊曆，龍騰祥萃迓新年。老夫唯願粗康健，切待民安國泰先。

右八左廿八　王　前

二千春跨豈尋常，吾輩剛逢意義長。西曆慶登新世紀，禧年欣迓頌篇章。
兆徵國際和平象，福降人間氣運昌。大地無災風雨順，蒼生歲歲納禎祥。

左九　林玉山

大機頻轉有規旋，明歲盈千慶有年。穩定財經昌國運，昭彰法理護民權。
揚綱著本應明德，投票持真務選賢。世譽台灣爲寶島，兒孫萬代必興傳。

左十右廿七　黃義君

迎接千禧享好年，騷人善禱落吟箋。欣期歲聿園花秀，喜卜乾調澗水妍。
湖海波平鸞鏡裡，關山燕返鳳樓前。世人同待鴻鈞轉，一唱風和日麗天。

右十　蔣孟樑

全民拭目迓千禧，科技巔峰創百奇，萬里間關成咫尺，八荒消息不移時。
電車穿地通幽境，廣廈凌霄映海涯。物慾奢華悲墮落，應興道德正威儀。

次唱：懷念詩人周植夫先生

左詞宗黃錠明先生選
右詞宗陳焙焜先生選

左元右花　林正三
利名不慕慕風騷，致力傳經不憚勞。聲韻詩文稱並美，詞壇長憶一人豪。

右元左四　蔡秋金
天不留人痛我曹，周郎才調筆如刀。君歸獨嘆工詩少，合供春秋一字褒。

左眼右四　駱金榜
竹潭儒者振風騷，牛耳詞壇育俊髦。植老徽猷高品格，長懷詩界一文豪。

右眼左十六　王前
竹潭遺稿足堪豪，風韻清新格調高。一世詩名同景仰，追懷德範啓吾曹。

左花右十五　黃義君
竹潭軒主本詩豪，鍊骨催聲服我曹。鬱白摛青推一代，瀛洲騷客盡旌褒。

左五右十二　　施良英

蓬瀛掘起一詩豪，錦繡珠璣萬里翺。白社頻頻尊祭酒，竹潭書屋耀吾曹。

右五左三十　　林振盛

周老才華筆似刀，難忘同社大詩豪。滿門桃李皆攀桂，一代文光萬丈高。

左六右十　　蔣孟樑

江村消夏憶詩豪，逝矣良師仰節高。暖水依然流日夜，竹潭餘韻最堪褒。

右六左二十　　莊德川

竹潭大雅仰詩豪，絳帳春風育李桃。化雨蓬萊千萬士，追思碩德頌功高。

左七右八　　李宗波

江山藻繪一詩豪，裁句霜毫似銳刀。倘使君家猶未死，漁洋才調勵同袍。

右七左廿四　　洪玉璋

記曾壇坫共揮毫，獨仰周翁格調高。一代詞宗作仙去，海門潮咽鳥悲號。

左八右九　　曾銘輝

名聞鱟港仰詩豪，典範長垂蔭李桃。孔誕未臨先有憶，儒風最得後昆褒。

左九右三十　林青雲

扣鐘鳴鼓昔咸褒，丕振元音豈憚勞。一自騎鯨歸碧落，留將白雪兩間豪。

左十右避　陳焙焜

詩文教授振風騷，千卷遺篇格調高。博學尊經情誼重，竹潭追念一賢豪。

八十八年十月，臺北瀛社與汐止扶輪社聯合主辦景點徵詩活動。不限體韻。

尖峰遠眺

左詞宗黃鷗波先生選
右　　鄞　強

元　駱金榜

平生痼癖近巖阿，放眼尖峰勝景多。西北車流環國道，東南巒脈映基河。
七星對峙蒼茫繞，五指相望翠黛羅。汐市風光無限好，撩吾詩興且高歌。

眼　陳炳澤

晨曦含笑耀灣東，薄霧披紗罩碧穹。對峙觀音山靜寂，婉蜒淡水浪青蔥。
人車熙攘嘩聲遠，市肆新興氣象隆。勝日尖峰聊縱眼，無邊光景落詩筒。

花　許漢卿

汐止尋幽景色妍，尖峰極目好留連。大屯縹緲騰雲彩，淡水分明鎖翠煙。
出岫白雲籠古寺，穿崖瀑布瀉流泉。登臨世外桃源地，賞勝神怡俗慮蠲。

臚　陳榮弡

秋晴曳杖陟尖峰，絕頂舒眸逸趣濃。遠峙名山嵬五指，屏羅列嶂翠千重。
俯瞻汐鎮岑樓簇，遙望基河劍氣衝。四顧風光饒勝概，誰留鳳藻記遊蹤。

翰　許欽南

寶剎巍峨一望收，尖峰佛地好清遊。菊花燦爛黃金現，竹葉扶疏綠簇留。
近賞明珠飛水面，遠聽素練響灘頭。夕陽天秀宮前立，滿目風煙萬里秋。

六　黃鷗波

尖峰緩上近峰巔，五指屯山映眼前。瀑布茄苳多變化，禪房佛殿輒相連。
遙看台北高低廈，遠望基隆來去船。汐止風光觀不盡，陶然忘返樂如仙。

七　黃錠明

山外山環繞，飛泉噴谷風。峰巒多立壁，柱石欲凌空。
樹影參差出，嵐光遠近中。落霞斜照裏，五指晚晴紅。

八　林正三

大尖山勢鬱崔嵬，人立岡頭眼界開。雲外基津環舸艦，望中稻渚聳樓臺。
指峰左揖煙霞繞，屯嶺前屏錦繡堆。踽遍塵寰三萬里，回看勝景在蓬萊。

九　賴添雲

綠擁尖峰接旭暉，憑高放眼四無幃。茄苳瀑布迴山響，鱟港漁船滿載歸。
曲道回看雲際沒，仙宮俯瞰澗邊巍。灘音遠憶聲何在，唯見樓房出翠微。

十　張耀仁

汐止登山結伴遊，尖峰高聳碧雲秋。遙看接地三千岱，近睹摩天九百樓。
遶北長河浮翠帶，斜西落日滾朱球。江村古渡今名鎮，世事滄桑水自流。

次唱：灘音憶往

左詞宗 黃錠明 先生選
右詞宗 陳焙焜 先生選

元 林正三

峰峙流長著夙名，記曾蹀躞聽溪聲。潮回乍見汀沙白，月上頻添水色明。
瀨韻淙淙疑漱玉，幽絃咽咽似聞箏。悵懷絕好高秋夜，不復當年古調清。

眼 林韓堂

流回汐止水聲柔，漱石穿砂雅韻幽。昔日灘音何處是，潮痕難認舊沙洲。

花 陳欽財

汐止灘聲似管弦，峰溪下瀨激清漣。劇憐涼月高秋夜，無復泠泠拂耳邊。

臚 林麗珠

峰峙清溪穿石流，聲如絃管韻空悠。我來迴憶秋宵裏，載月移舲樂唱酬。

翰 陳連璧

凱達河邊草色青，湍流汐水拍煙汀。漣漪漱玉迎光閃，逸籟如琴挽客停。
賞景先賢留雅跡，聞音後世感餘馨。會潮互激欣鳴曲，譜出詩腔舉世聆。

六　王錫圳

海潮水返紀春秋，峰峙溪中曾繫舟。雅韻悠悠聞下瀨，吟情切切憶登樓。
青山不識時人碌，白練潛消古月愁。便捷交通新景象，頻年美景足清遊。

七　陳榮亙

峰峙灘音舊有名，潺湲竟作管絃聲。妙彈疑是仙妃瑟，水調渾如趙女箏。
激石響流溪幾里，泛舟聆韻月三更。祇今來賞奔湍變，無復當年雅韻賡。

八　許欽南

灘音恍惚響灘頭，訪古人來憶舊遊。昔接淡江千舸遠，滄桑變化使人愁。

九　鄞強

灘音悅耳緬遊蹤，夾峙高山景物供。瀑瀉形成潭水澈，教人忘返豁心胸。

十　蕭煥彩

聞道潮迴漱石灘，水聲琴韻錯交彈。千秋天籟何由覓，汐鎮客來霜月寒。

冬至組例會開於吉祥樓餐廳，值東：蘇逢時、許文彬、張耀仁、李宗波、洪玉璋、賴添雲、王錫圳、吳裕仁、曾銘輝、黃鶴仁。

冬夜窗前琢句

左詞宗翁正雄
右　　林正三　先生選

左元右三　洪玉璋

綺窗坐對電燈調，霜月移梅瘦影搖。便引吟魂天外去，況當酒氣腦中燒。
一詩千改猶難穩，半句深思未易描。因恐失真遲落筆，文章敢謂勝瓊瑤。

右元左十　許漢卿

寒宵夜寂靜敲詩，雪案螢窗細索疵。好語修來矜雅麗，陳言務去見雄奇。
清新共許雕龍句，秀逸惟工繡虎辭。得意聳肩忘苦累，欣成傑作飲瓊巵。

左眼　黃錠明

連朝凍雨去來頻，惟覺寒齋信可親。窗外盆花呈悴色，室中圖籍靜囂塵。
先生言笑搜奇麗，詞客撚鬚琢句勻。長夜敲詩縱獨步，應吟風雪未歸人。

右眼左八　蔡秋金

韻律精微樹典謨，枯腸搜盡不含糊。欲舒才鳳胸中墨，來探驪龍頷下珠。
牖縫尖風寒徹骨，霜華凍野夜啼烏。苦吟敲出驚人語，詞客伊誰匹老夫。

左花右四　張耀仁

疏竹搖風入戶寒，窗前冷月照欄杆。冬梅數蕊新姿秀，臘酒千杯雅量寬。
覓得佳章珠出蚌，聽來逸韻水回灘。枯腸搜盡方成句，名落孫山願也歡。

左四右十　黃天賜

寒風刺骨幾熬煎，底事敲詩夜未眠。誰信高名遍天下，卻憐霜月滿窗前。
海潮空歎韓蘇句，仙聖終推李杜篇。但愧平生疏懶慣，風流向不羨諸賢。

左五右十七　蔣夢龍

冷風壓境朔風寒，窗下推敲夜已闌。寂寂書齋堪琢句，沈沈雪案好揮翰。
焚膏繼晷勤抄讀，釣月耕雲覺自寬。忽聽雞鳴追祖逖，詩成舞劍體舒安。

右五左廿一　陳炳澤

月華皎皎照窗前，凜冽寒風掠屋椽。噪雀已歸應可息，詩腸尚渴不安眠。
洛陽紙貴懷三賦，蜀道行難憶謫仙。徹夜構思勤琢句，聞雞驚見日昇天。

左六右避　林正三

清宵劈紙正飛葭，不畏寒潮凍齒牙。案上詞新嚴斧鑿，窗前客雅鬥尖叉。
厭看世局紛紛擾，獨愛吟情點點加。胸次澄明如璧月，琢成詩句自無瑕。

右六左廿七　林彥助

歲寒彌覺夜深長，窗下敲詩備酒漿。皓月窺簾增秀色，貞梅破蕚送幽香。
心怡得句神清泰，興逸題箋意自揚。爐火暖身舒老骨，嬋娟千里佐瓊觴。

左七右廿九　陳麗卿

寒夜芸窗覓句來，靈犀燃盡實堪哀。字敲冀是探驪手，藻飾慚非詠絮才。
引典方知書讀少，抒情倍覺意難賅。吟成偶有驚人語，蕊蕊心花次第開。

右七　馮嘉格

疏橫影逼室窗紗，陋院甘心伴小家。嫩蕊迎寒南樹挺，幽香送冷北枝斜。
搖風竹報蕭蕭近，戰雨蕉承滴滴賒。琢字吟成冬夜句，期能夢入筆生花。

右八左廿八　黃鶴仁

瑞雪才如柳絮飛，夜來靜念事多違。風吹萬里青天月，冷照孤吟遊子衣。
愁盡南雲驚歲暮，未從寸草報春暉。窗前細數平生趣，得意渾同得句稀。

左九右廿一　蘇心紘

圍爐煮茗話桑麻，指使兒孫愛國家。集集天昏驚鳥獸，南投地變撼龍蛇。
三臺賑濟堪稱許，四海支援更可誇。愧我清寒難助力，窗前無奈自咨嗟。

右九左廿五　黃鷗波

北風凜冽月三更，覓句窗前嘆未成。凍筆推敲忘夜永，寒柯振響動詩情。
攤箋寫下如天籟，得意猶知非俗聲。自賞孤芳欣自慰，管他月旦笑痴生。

次唱：劍　氣

左詞宗　林彥助先生選
右　　　許欽南

左元右元　蔡柏棟

三尺龍泉吐彩霓，揮來劍氣與天齊。青霜紫電鋒芒銳，斬惡除妖護庶黎。

左眼右四　楊振福

一劍揮軍萬馬嘶，光芒閃電貫青霓。倚天論斬諸妖孽，氣壯山河護庶黎。

右眼左廿六　蔣孟樑

人慾橫流歎不齊，端憑慧劍斬癡迷。青霜紫電凌霄漢，萬斛光芒煥彩霓。

左花右七　蕭煥彩

倚天名劍透靈犀，出鞘豪光萬丈霓。除暴安邦揚正氣，看齊祖逖救群黎。

右花左八　李宗波

劉錕起舞在聞雞，匣裏寒鋒氣似霓。萬丈龍光沖斗漢，真堪跨海斬鯨鯢。

左四右五　林正三

別有龍光貫斗奎，青萍寶鋏氣如霓。何當借取誅邪佞，振起綱常拯庶黎。

左五右九　洪玉璋

將軍佩帶志非低，怒拔昆吾紫電迷。三尺霜鋒威八面，寇讎迅斬護群黎。

左六右廿七　陳欽材

青萍出鞘氣如霓，練帶霜花利削泥。三尺吹毛山岳撼，除奸摘伏仗靈犀。

右六左十二　曾銘輝

一把龍泉萬丈霓，除奸去惡志堪提。願持慧劍霜鋒氣，凜凜凌霄護眾黎。

左七右十四　蘇逢時

切玉鋒鋩史有題，衝冠怒髮志非低。何當借得昆吾劍，斬盡貪官氣吐霓。

右八左〇　陳麗卿

心懷壯志貫虹霓，浩氣塡膺雪鍔攜。穿日凌雲奸喪膽，稜稜三尺護群黎。

左九右十九　吳裕仁

寒芒四射壓星低，出鞘能教大敵迷。合斬貪官兼污吏，青天重見樂群黎。

左十右廿四　翁正雄

倚天衝斗貫雲霓，紫電青霜銳句題。一劍光寒詩筆似，除妖靖國護群黎。

右十左十七　王　前

青萍出鞘懾鯨霓，三尺鋒芒壯士攜。氣燄凌天光射斗，妖邪膽破拯群黎。

八十九年度庚辰

花朝組例會，由社長黃寬和、副社長值東，時間、地點與詩稿皆失記。

清和組例會於五月十四日（星期日）假吉祥樓餐廳召開。值東：林英貴、吳玉、張添財、張萱爐、林彥助、許欽南、許哲雄、林正三、翁正雄、蕭煥彩。首唱〈牆〉七律不拘韻，乃配合歷史博物館於六月六日端午節舉辦之詩詞吟唱會之詩題。（詩稿佚失）。

端陽組例會開於吉祥樓，值東：林錦銘、吳漫沙、黃錠明、陳炳澤、蘇心紘、黃義君、張開龍、施良英、林振盛、許漢卿、康濟時。詩稿佚失。

觀蓮組例會，國曆八月六日（農曆七月七日）星期日假吉祥樓餐廳舉開，課題〈鵲橋〉七律不限韻。值東：王前、李梅庵、蔣孟樑、陳欽財、林麗珠、陳麗卿、黃國雄、鄭水同、林春煌、蔡伯棟。（總幹事陳炳澤送刊未填名次）

鵲橋

駱金榜

盈盈一水界情天，此夕橋勞喜鵲填。滿岸漪漪波瀲灩，雙星耿耿意纏綿。
由來碧落銀河靜，正值金風玉露鮮。佳節如斯能有幾，女牛恩愛慶團圓。

蔡秋金

天上人間共寂寥，客來吳市效吹簫。怕看兩淚旋成雨，欲渡雙星只架橋。
鵲造鰲樑情亦重，牛思織女恨難銷。滿腔愁思還相伴，只對銀河藉酒澆。

洪玉璋

是誰使鵲夜塡河，爲渡思郎織女過。月作銀燈歡聚首，雲裁錦帳倦停梭。
重溫舊夢情難禁，細說新愁淚易沱。乞巧人間諸姊妹，奚須得失問姮娥，

黃鷗波

天階涼夜月如鉤，烏鵲金風萬象秋。七日誤傳成七夕，長年只許作長愁。
塡河難補深閨恨，渡漢聊舒積舊憂。橋畔天孫情脈脈，今宵喜得會牽牛。

陳炳澤

雙星愛慕欲相從，天律嚴科卻不容。幸賴鵲橋成妙會，喜臨銀漢印芳蹤。
但看織女情無限，更見牛郎意萬重。七夕塡河圓好事，今宵聚首感恩濃。

李梅庵

懸隔銀潢萬里天，相逢端賴鵲橋塡。神仙美眷焉如此，牛女開心未必然。
應把悲歡當往事，莫將愛恨繼來年。虛懷下效新潮輩，一夜情由網路牽。

許漢卿

皎皎秋穹望眼穿，雙星七夕盼團圓。通靈鵲鳥津梁搭，阻隔神人錦夢牽。
聚短漫思情淡泊，離長更覺愛真堅。欲成佳偶憑媒妁，月老朱繩締好緣。

林麗珠

此夜遙望銀漢秋，雙星有約欲雲遊。人間飣餖求針巧，天上香筵對酒酬。
散彩華燈衢道映，飛光翠羽鵲橋浮。一年一度傾歡會，忘卻紅塵百種愁。

莊德川

牛女縱然長仳離，一年還有一佳期。問誰撐筏來銀漢，幸鵲塡橋在月陂。天上既聞歡聚首，人間何以慰相思。此情可待靈雞唱，好夢酣回是別時。

黃義君

烏鵲橋成七夕時，雙星因以解相思。停梭織女來驚早，挂犢牛郎去怕遲。一載情牽漫啓口，三春怨艾且舒眉。傷心最是雞聲起，卒歲仍將忍別離。

黃錠明

停梭無語獨臨流，苦乏靈槎作濟舟。隔岸郎君心耿耿，河濱妾意恨悠悠。飛來烏鵲津橋架，頓使雙仙素願酬。自古多情嗟自誤，當年悔否嫁牽牛。

蘇逢時

烏自飛翔整一條，雙星現影繫天腰。迷茫碧漢心真向，縹渺銀河淚倍饒。今夜徒看無主月，明年再會有情宵。可憐織女雲邊望，待得牛郎渡鵲橋。

施良英

佳期乞巧吉祥樓，新月東方掛一鉤。濁世伊誰憐織女，鵲橋幸得渡牽牛。重逢別緒經年訴，轉瞬離情萬古愁。又是明朝分袂去，銀河相隔淚盈眸。

李珮玉

一鉤新月掛雲霄，織女牛郎渡鵲橋。舊夢重溫惟七夕，衷情詩訴只今宵。
神仙尚有相思恨，凡俗能無顧盼憔。切望光陰如過隙。來年再會積愁消。

次唱：藍色公路

許漢卿

煙波萬里快舟乘，曉泛鯤溟海氣徵。藍色航途瞻浩蕩，喜師宗愨壯心騰。

駱金榜

天際遙遙玉宇澂，御風破浪快舟乘。旅程迤邐航千里，藍海揚帆壯志騰。

蘇逢時

惟有花蘇世所稱，懸崖絕壑浪千層。拖藍百里煙霞路，欲步青雲愧未能。

王　前

華輪環島業新興，碧海遨遊喜不勝。波靜天藍前路闊，神怡藻思感頻增。

太平洋上一明燈，吸引遊人踴躍登。碧海波濤藍色路，觀光事業必隆興。　葛佑民

乍旅基津氣益增，悠悠海浪起千層。舟行過處深藍色，樂水仁人亦上乘。　施良英

淡江烏石畫船乘，海上遊航趣必增。一路觀鯨翻遠近，歌聲響湧浪千層。　楊振福

龜山淡水水中凌，開放觀光艫舶騰。海上交通贏陸路，入簾儘是綠波凝。　黃義君

巨級輪船雅士登，航行海上好風乘。宛如藍色寬公路，往返蓬萊喜不勝。　陳焙焜

爽心破浪白雲乘，無阻汪洋任我登。除卻陸空難寸步，碧藍大道客欣騰。　陳欽財

碧海藍天欣有路，淡江烏石喜連繩。乘風破浪吟身爽，好向龜山捷足登。　蔣夢龍

輕舟橫渡似神鷹，滬尾津頭浪幾層。海上交通奚徑闢，觀光收益日頻增。

許欽南

路在清波趁棹騰，另番風景好邀朋。我來海上看瀛島，別有驚新訪幾層。

曾銘輝

八十九年九月三日於吉祥樓參廳。中秋組合辦，值東：李傳芳、駱金榜、馮嘉格、楊振福、蔡秋金、鄞　強、莊德川、黃天賜、許又勻、張慧民。

歡迎日本「曉」吟詠愛好會蒞臺交流（合點，未署詞宗）

元　　吳　玉

臺日交流喜締盟，扶桑客至最歡迎。曉團高詠聲猶壯，瀛社豪吟韻亦清。弄扇和詩聯舞劍，彈琴配樂並吹笙。千杯美酒今同醉，金石芝蘭固友情。

眼　　林正三

漢和文化溯源同，大雅相濡尚古風。論藝扶桑來勝友，開筵稻渚萃騷翁。詞如吐鳳吟偏壯，劍擬游龍舞更雄。禮義交親無隔閡，屯山煙靄正融融。

花　　林玉山

有朋遙自日邊來，曉起延賓盛宴開。勝會賦詩先試酒，聯歡舞劍再添杯。
壯懷完句真瀟灑，俊逸成章不剪裁。宛似蓬壺仙侶集，何妨醉倒盡瓊醅。

肆　　鄞強

迓曉群賢賦妙詞，天聲逸調仰名馳。哦詩韻律標高格，舞劍盤旋展雅姿。
誼契扶桑心輔世，情敦寶島志匡時。振興文藝文風蔚，詠會交流載口碑。

五　　許漢卿

東瀛貴客蒞臺疆，文化交流藝道昌。扢雅詩吟迎曉日，揚風扇舞絢朝陽。
心聲浩蕩豪情發，劍氣飛騰武德揚。賓主聯歡敦友誼，盃觥互祝壽而康。

六　　陳焙焜

扶桑友至喜恭迎，臺日交流倍有情。揮筆題詩兼舞劍，吹簫譜韻並彈箏。
豪吟百首和歌獻，朗誦千篇漢賦呈。曉會鷺鷗瀛社侶，舉杯祝健祝長生。

七　　林麗珠

曉會東來渡海天，欣迎雅客締詞緣。扶桑藝苑人文盛，蓬島騷壇翰墨妍。
劍舞鋒芒射星斗，詩吟豪興攬雲煙。金樽共醉黃花宴，韻事真堪邁昔賢。

八

林彥助

曉見東方紫氣縈，鷗朋邀客禮相迎。同珍風雅欣明德，共好清真敘摯誠。
盛宴詠詩增樂趣，飛觴舞劍助幽情。今宵擊鉢依金谷，三斗流霞罰不成。

九

蔣夢龍

欣逢曉會蒞蓬瀛，吟韻飄揚有正聲。中日交流增友誼，詩書共勉結騷盟。
觴飛禮讓溫情固，劍舞雄渾武德生。賓主盡歡扶大雅，鏗鏘響遏稻江城。

十

邱天來

曉吟會旨最堪珍，跨海來賡韻味親。扇舞登場嬌有態，劍揮斫地捷如神。
詩情接席盟中日，文化交流樂主賓。雅聚稻江聲教在，相磋風義趣偏新。

光復組例會開於吉祥樓餐廳，值東：蘇逢時、許文彬、張耀仁、李宗波、洪玉璋、賴添雲、王錫圳、吳裕仁、曾銘輝、黃鶴仁。詩稿佚失。

九十年度辛巳

花朝組例會三月十一日於吉祥樓餐廳，無課題。（名次爲總幹事陳炳澤所塡）

人花並壽

左詞宗　吳漫沙先生選
右　　　楊振福

左元右廿七　　黃鷗波

壽花壽社壽知音，三祝休祥共浩吟。此日聯歡同祝嘏，欣期歲歲作題襟。

右元左十三　　王　前

騷朋賀壽起高吟，並向群芳酒一斟。九秩吳翁楊七十，庚星炯炯耀林深。

左眼　　許欽南

春晴麗日照芳林，蝶板鶯簧作賀音。最喜花朝人亦壽，潔觴奉祝見情深。

右眼左十六　　黃錠明

二月春風暖海潯，此來策杖會苔岑。桃夭李艷人同壽，合頌岡陵表寸心。

左花　黃義君
錦蓴瓊英滿上林，新詩賦頌托誠心。風騷有致賡周雅，壽祝人花酒共斟。

右花左十五　佚　名
勝會頻年契闊深，花朝瀛社萃苔岑。添籌爲頌同增壽，百盞桃觴喜共斟。

左四　林韓堂
春風依舊上園林，又到花朝一歲侵。佳節群芳欣祝嘏，期頤待到酒同斟。

右四左六　張逭爐
東皇寶島正春深，恭祝騷人福壽臨。花誕酬花詩百首，舉觴晉頌作高吟。

左五　賴添雲
綠章一奏秉天心，瑞氣盈門賀客臨。詩頌騷人松柏壽，百花迎日酒同斟。

右五　吳漫沙
花辰人壽瑞星臨，白髮青絲共一心。樂奏昇平東海頌，南山百雀競高吟。

右六　葛佑民
高年墨客少年心，人壽花朝福曜臨。瀛社同仁齊表賀，期頤預卜頌佳音。

左七右十五

蓬瀛淑氣迓春臨，眾萼飄香好鳥吟。更喜人花欣並壽，蟠桃獻頌玉杯斟。　蔣孟樑

右七左十八

二翁祝嘏好題襟，節近芳辰放浪吟。何只壽人花亦壽，籌添海屋有仙禽。　蘇逢時

左八右十

萬紫千紅滿士林，桃觴獻罷作豪吟。壽花兼祝詩翁壽，晉頌期頤五福臨。　陳焙焜

右八左十一

百花生日人同壽，二月春光酒共斟。願與卿卿添五福，誰侔詞客更情深。　李宗波

左九右廿二

花辰壽宴喜開襟，朗朗文星共醉吟。天上人間能有幾，古來詞客最情深。　許又勻

右九左廿一

春光煥發景幽森，錦簇芳園喜鵲吟。報我騷朋華誕日，與花同祝壽如岑。　林彥助

左十右廿五

謳歌雅客契苔岑，宴啓祥樓瑞氣臨。共慶花朝花並壽，遐齡祝嘏樂清吟。　黃調森

清和組例會於五月六日（農四月十四）假吉祥樓餐廳舉開，值東：林英貴、吳　玉、張添財、張埴爐、林彥助、許欽南、許哲雄、翁正雄、林正三、蕭煥彩。名次爲總幹事陳炳澤所塡稍有錯亂。

詠捷運

左詞宗黃錠明
右　　蔣孟樑先生選

左元右廿六　　黃天賜

捷運興奇蹟，江城變市妝。東西乘載快，南北往來忙。效率無煙染，繁榮有景揚。政經如是作，民樂且安康。

右元左二　　李珮玉

捷運開新景，江城改舊妝。搭乘多驛站，接駁省時光。旅客車中憩，商家地下忙。暢行吾意快，便利美名揚。

右二　　施良英

篳路闢蒿萊，都城捷運開。轔轔郊外轉，轆轆市邊回。百站人爭集，八方客自來。暢流詩競頌，哲匠儘英才。

左三　林韓堂

名勝三台冠，郊遊直八方。車飛高架上，人話秀廂中。
捷運如穿地，聲輕欲迫空。先登須步客，騷興感無窮。

左四右九　鄞　強

運輸富競爭，便捷利人行。相約寧無爽，奔途必有成。
上班歡績效，放假快遊情。縮地功能著，邦興日向榮。

右四　駱金榜

捷運疾如風，縱橫蛛網同。稻江興建設，鯤島廣交通。
購物人無盡，觀光客不窮。於今年十一，成就憶黃公。

左五右五　林振盛

鑿穿開捷運，縮短路行程。地鐵通南北，高橋任縱橫。
交通如疾快，經濟自繁榮。科技誇尖銳，移山倒海精。

左六右三十　林正三

驅馳憑電力，大用利民行。縮地來分秒，追風管送迎。
無煙環保重，專軌旅途輕。蓬島誰先轍，輝增台北城。

右六　　許又勻
欣慶稻江城，今朝捷運行。搭乘多便利，快速受歡迎。
淡海中和線，板橋南港程。國人多讚頌，中外好風評。

左七　　黃鷗波
世紀新承接，應時捷運成。急馳如律令，行止免紛爭。
票剪售人省，門開啓電行。通勤通學便，利國利群生。

右七　　趙松喬
首都深景氣，利世啓新扉。電掣天龍駛，風馳地虎飛。
往還稱便捷，輸送展樞機。德政黎民頌，交通播美徽。

左八右卅一　　張塏爐
地下築深宮，賢人造化功。電車開鬼斧，鐵軌奪神工。
梯降如乘霧，樓昇似御風。三分班次到，捷運利交通。

左八右十二　　許欽南
闢開新路網，捷運策週詳。便利居全省，交通達四方。
觀光潛力厚，科技偉謀張。地鐵鵬程遠，繁榮未可量。

左九右廿四　陳麗卿

人潮湧八方，捷運日馳忙。市虎嗟身老，飛龍感責長。暢通無壅塞，快速似翺翔。造盡蒼生福，殊勳譜頌章。

左十右卅五　黃義君

似繼長房術，同誇捷運名。人多潛地駛，道狹架空行。歷史千秋載，交通一路平。距離欣縮短，歌頌滿江城。

次唱〈書枕〉詩稿佚失。

六月三十日，瀛社、松社以〈祝蘇水木詞長一〇三嵩壽〉五律爲題，開催聯吟會於吉祥樓，祝賀社老蘇水木嵩壽，詩稿佚失。

端陽組例會七月十五日開於吉祥樓，値東：林錦銘、吳漫沙、黃錠明、陳炳澤、蘇心絃、黃義君、張開龍、施良英、林振盛、許漢卿。

學而時習之

左詞宗林正三先生選
右　　洪玉璋

左元右十　　洪淑珍

獨對孤燈雅興長，潛心覽讀以圖強。窮通萬卷修才德，勤習群經究典常。溫故乃賡周禮樂，知新莫棄漢文章。希賢慕聖情何悅，翰墨欣聞一室香。

右元左十二　　黃義君

至聖先師揭錦囊，學而時習放光芒。丁丁漏盡三餘立，乙乙眠遲七略張。不近西山疏治亂，能親東壁解興亡。推移氣質除無味，一卷薰人骨也香。

左眼右十八　　張添財

欣逢國粹正宏揚，展眼詩詞及賦章，慕楚懷沙留墨味，頌唐文物盡書香。學而時習通今古，溫故知新補短長，繼往先人勤苦志，螢窗發跡耀光芒。

右眼左九　李梅庵

禮樂傳家萬古昌，詩書習讀要經常，全神貫注兼三到，一曝十寒須自防，
世上有才添令譽，胸中無墨不靈光，終身力學勤爲首，淬勉如恒老更狂。

左花右十五　黃錠明

稚齡立志望宮牆，繼晷微聞翰墨香，掛角負薪研典慣，囊螢映雪讀書忙，
劫餘經史傷零苦，客次風騷共發揚，敢以衰年輕國粹，不因時亂廢文章。

右花左十　陳麗卿

無邊學海勢汪洋，矻矻於茲莫敢遑，体奧探微求正道，知新溫故絜宏綱，
勤修經史三餘惜，泛覽詩書萬慮忘，日就月將臻化境，奚愁術業不輝光。

左四右四　吳漫沙

螢窗簡練鬢星霜，典籍紛披盡日忙，檢點書橱存國粹，研求性理繫綱常，
齊家詩禮修身本，處世經綸立足方，今日官僚工媚外，伊維魯殿列門牆。

左五右九　葛佑民

皓首窮經聚一堂，推敲佈局互提綱，吉祥樓上吟情逸，瀛社門中賦性狂，
古典詩尊唐格律，新科術重漢文章，學而時習終身悅，萬斛泉源飽智囊。

右五左二七　蘇蓬時

昔年車胤藉螢光，習盡經書與典藏，繼晷焚膏吟不輟，挑燈閉戶志何強，
韶華有限修三絕，學海無邊勵五常，溫故知新當奮發，孜孜矻矻待升堂。

左六右十二　蕭煥彩

學海無涯歲月長，詩書勤讀志高昂，時時誦習能三省，事事探求重五常，
陋巷難移簞食樂，鴻儒善體里仁章，通經博史希賢聖，溫故知新道乃張。

右六左十六　翁正雄

孔仁孟義漢文章，溫故知新未敢忘，樂爾妻孥明禮樂，友于兄弟重綱常，
修其天爵思無惑，教以人倫游有方，君子終身時習悅，學優爲政德聲揚。

左七右十七　蔡業成

宇宙渾圓萬象藏，發微何日吐芬芳，新知追逐童如醉，舊學研求老欲狂。
向道惜分還惜寸，探驪無怠更無荒，孜孜矻矻興文運，不覺籌添日月長。

右七左廿六　王　前

世云吾道合宣揚，聖論殷殷見首章，溫故知新原至理，焚膏繼晷自生香。
芸窗時習修三昧，書苑勤耕不二方，一曝十寒君莫取，同儕應記勿輕忘。

左八右廿七　蔣夢龍

勤學勤耕自不忘，切磋磨琢發光芒，開誠改革興文範，溫故知新貫典章。

君子修身參聖道，至人達理振綱常，儒風經世宏文化，孔孟真傳萬古芳。

右八左十九　鄞強

希聖希賢奮自強，心遊古道讀文章，三餘溫習華詞熟，徹夜搜羅雋語詳。

字練騷壇題句雅，書耽鄴架襲芸香，寒窗十載成儒士，六藝精研夙願償。

次唱：苦　熱

左詞宗蘇逢時
右王前先生選

左元右八　張埴爐

炎威暑氣熱風吹，連日高溫苦悶時，一陣似盆雷雨降，涼生神爽笑開眉。

右元左十一　蔣夢龍

酷暑薰人遍海涯，避炎無地欲何之，虔祈天降甘霖雨，普減高溫景物滋。

左眼右五
薰風習習入窗帷，三伏凌人苦不支，翹待穹蒼甘雨降，尋涼高臥樂何之。
陳麗卿

右眼左十三
似火難當六月時，無方卻暑欲何之，忽然午後瀟瀟雨，一滴催成一首詩。
洪玉璋

左花右十四
火傘高張六月時，波波熱浪苦難支，流金爍石驕陽下，何處清風帶雨吹。
張耀仁

右花左廿三
赤日炎威壓綠池，汗流浹背亦尋詩，冰壺春酒吟腸潤，酷暑蒸人費苦思。
陳焙焜

左四右廿六
烈日當空似火炊，西疇草木感難支，如今誰為炎威苦，閉戶聊開冷氣吹。
楊振福

右四左廿五
驕陽似火欲燃眉，鎮日無風岸柳垂，自笑趨炎非我願，松窗布局獨敲棋。
蔡業成

左五右十八
四野炎蒸六月時，碧空火傘感難支，持心平靜修禪定，追暑何須避翠陂。
駱金榜

左六右廿三　李梅庵
身置洪爐欲脫皮，炎蒸難奈皺雙眉，良方那得消煩暑，闢室冰藏最適宜。

右六左廿六　蕭煥彩
火傘高張炙體肌，燒空熱浪苦難支，浴場人海消炎去，爭欲分瓜快朵頤。

左七右廿七　林彥助
蒸人暑氣苦難支，一動汗流心力疲，得靜悠然能解慍，六神涼爽事宜宜。

右七　許欽南
鎔金爍石莫須疑，消暑無方熱不支，直欲癡心煩后羿，凌空神矢射炎曦。

左八右廿九　林振盛
酷暑連天感不支，炎威炙體使人疲，惟祈甘雨及時降，普潤農家萬物滋。

左九右廿一　鄞強
鎮日炎威苦悶時，騷人妙決競華詞，忽然雷電催霖雨，最喜裁成解慍詩。

右九　李天香
四面山圍似帳垂，氣蒸北市炙難支，逃炎我欲攜朋去，不是山崖便水涯。

左十右十九　　林韓堂
火雲熱照已多時，正是炎威苦不支，但願老天施雨露，催開甘澍使人知。

右十左廿六　　歐陽開代
三伏驕陽燥熱時，清風不至汗淋漓，欲傾北海千盃酒，最是追涼且樂之。

觀蓮組例會八月六日開於吉祥樓餐廳。值東：王　前、李智賢、蔣孟樑、陳欽財、林麗珠、黃國雄、陳麗卿、鄭水同、林春煌、蔡柏棟。

蓮亭話舊

左詞宗黃錠明
右詞宗許漢卿先生選

左元右六　　涂國瑞
紅衣翠蓋艷芳辰，滌暑欣尋曲水濱。巧遇良朋賓主樂，相逢賞勝鷺鷗親。
談心促膝留鴻爪，覓句伸懷勵膽薪。好共盤桓花塢裏，薰風解慍爽吟身。

右元左六　吳漫沙

有約蓮亭樂趣真，橫塘菡萏晚晴新。相求同氣如昆仲，交到無形孰主賓。
坐上稀來趨利客，眼中盡是摯情人。文星環拱吟聲起，把臂聯歡一片春。

左花　李宗波

知音邂逅話頭伸，往事重提意境真。一角荷亭逢舊雨，獨尊天命作新民。
超人風義依元白，動世文章泣鬼神。擅出淤泥而不染，蓮花香較百花珍。

左眼右四　陳麗卿

蓮亭歡聚麈談親，互吐衷懷語語真。羨汝朱顏猶未皺，嗟余烏髮已成銀。
茶煙繚繞撩思舊，荷影娉婷入話新。哀樂遭逢如轉瞬，相期再會健吟身。

右眼左廿三　楊振福

菡萏開時遇昔鄰，容姿略變尙天真。水中翠蓋池魚戲，亭內青梅竹馬親。
莫嘆韶光今已逝，應知晚景更須珍。滄桑往事難言盡，但約三生續稟陳。

右花左四　施良英

池邊敘舊見交親，共抒幽懷語率真。綽約江鄉輕躍馬，奔波世路羨游鱗。
撫今莫把升沉說，追昔堪從起伏陳。有幾能逃乾與兌，不勞喋喋索緣因。

左五右三十　　王　前

故友重逢意倍親，蓮亭雅座話前塵。離情欲訴蛙聲鬧，未語驚看雪鬢新。
談古觀今懷往日，傷時憤世淚沾巾。千年別恨千絲結，一醉何須問主賓。

右五左廿七　　翁正雄

蓮塘一角遠囂塵，菡萏風傳笑語頻。倚檻賞花談往事，開軒對酒論前人。
濂溪道範誰堪比，太白仙才孰與倫。話舊荷亭消永晝，吟詩猶記草堂春。

左七右十一　　黃天賜

朱華綽約不沾塵，池畔涼亭集雅賓。促膝談詩揮筆樂，傾誠話舊舉杯頻。
相逢君子心相惜，再會騷朋志再陳。願效風流添韻事，歡吟竟夕更交親。

右七左廿六　　許哲雄

紅衣拂檻晚香勾，小築迎涼說往塵。此日亭亭姿若昔，當年馥馥憶猶新。
園仍十里芙蓉月，語滿四圍翡翠津。欲問古今誰不染，隔花相應浣紗人。

左八　　葛佑民

雨後晴和色色新，滿塘荷葉碧如茵。蓮亭話舊詩壇客，水榭逢迎翰苑人。
清轍清流清淨世，遠紛遠擾遠凡塵。吟風弄月豪情放，逸興飛揚雅志伸。

右八左十五　李珮玉

紅衣翠蓋映池濱，風送涼亭會故人。君子重逢歡把臂，金蘭雅集益修身。
連杯酌酒傾離愫，竟日吟詩話舊寅。情誼相親賡管鮑，騷朋知己最寬珍。

左九右廿三　張耀仁

雲集蓮亭盡故人，前花怒放恰相鄰。多年往事從頭說，一夜新愁別後陳。
揮筆鑿詩陪末座，隨機探奧問迷津。狂歌起舞襟懷爽，把酒聯歡鷺侶親。

右九左十四　陳焙焜

綠荷池畔鷺鷗親，亭上觀蓮盡故人。共敘滄桑提往事，重吟詩賦記前塵。
十年回首相思繼，一日談心感慨頻。雪藕啖來消暑氣，連珠妙語足怡神。

左十右十六　駱金榜

凌波仙子愛詩人，舊雨聯歡席上珍。語到蓮亭歌聖哲，望餘鯤島尚煙塵。
攤箋鬥句潛能悟，賭酒猜拳率性真。燭剪西窗談往事，願期吾輩健吟身。

右十左十八　蕭煥彩

坐賞青錢笑語頻，亭中煮茗話前塵。陶潛飲酒常憂世，王冕畫荷無患貧。
翠蓋風搖迎故犕，紅衣露浥吐芳新。吟詩論古同消夏，周子愛蓮誰與倫。

次唱：海國驚秋

左詞宗蘇逢時先生選
右詞宗洪玉璋先生選

左元右五　鄞強

肆虐桃芝土石翻，臨秋災變愴騷魂。憑誰推動安邦策，寶島民寧笑語溫。

右元左十二　駱金榜

西風海島暗驚魂，凶悍桃芝帶雨奔。花縣南投災慘重，狂流土石毀家園。

左眼右十九　蔣夢龍

轉瞬西風到海門，驚聞梧葉落江村。蓬瀛淫雨秋蕭瑟，土石橫流毀故園。

右眼左八　蔡柏棟

桃芝颱急襲家園，蓬島山崩土石奔。底事秋來橫禍起，哀鴻遍野盡災痕。

左花右十一　陳欽財

桃芝一夕損家園，颱捲驚秋土石奔。橋毀房傾人畜殆，鯤瀛復建拯元元。

右花左五　　林麗珠
鯤島初秋風雨繁，桃芝橫掃禍臨門。湍流土石淹民宅，無數生靈痛斷魂。

左四右十四　　蘇心絃
寒鴉頻叫近黃昏，海島驚秋淚暗吞。最是天災兼政禍，蕭條景氣慟吟魂。

右四左九　　葛佑民
地震天災未復原，桃芝再襲又驚魂。孤懸海島聞秋悸，苦難頻頻神木村。

左六右七　　王　前
一夕秋颱寶島吞，桃芝猖獗地天昏。如洪土石傾河瀉，埋奪生靈懾鬼魂。

右六左廿一　　林正三
放眼蓬壺認劫痕，彼蒼奚未恤元元。桃芝去後難蘇息，又報西風入海門。

左七右八　　張明萊
帶雨秋風日夜喧，桃芝猖獗毀家園。堤崩土石橫流急，海島山號大地昏。

右九左廿三　　李珮玉
蓬島人和麗景繁，桃芝乍襲水崩垣。知秋一葉驚朝野，奮力圖強共救援。

左十右十八　　楊振福

桃芝潑辣掃鯤垠，土石流如萬馬奔。遍地哀鴻悲海島，秋臨白帝慰驚魂。

右十　　蕭煥彩

桃芝肆虐美家園，土石奔流大地昏。木落風寒秋夢碎，瀛台百姓待經援。

中秋組例會十月十日開於吉祥樓餐廳。值東：葛佑民、駱金榜、楊振福、蔡秋金、鄞強、張明萊、黃天賜、許又勻、李珮玉。

醉中秋

左詞宗李春榮
右詞宗許欽南　先生選

左元右十七　　王前

蓬瀛八月露凝深，三五清輝照滿林。良夜無詩人自俗，邀朋有酒我狂吟。

東籬放豔情懷逸，玉宇高寒雅興侵。豪氣干雲傾百斗，朦朧醉眼問天心。

右元左三十　李宗波

吾來細草微風岸，人上危檣獨夜舟。萬點星垂平野曠，滿輪月湧大江流。
閒庭雅客邀三影，佳節騷朋盡一籌。自忖飄然何所重，茫茫天地老沙鷗。

左眼右五　翁正雄

最是中秋夜色饒，吟風樓上樂逍遙。千鍾豪飲奚辭醉，一曲高歌不費邀。
顧影朦朧花可弄，舉杯酩酊筆難描。良宵酒醒知何處，圓月斜空照板橋。

右眼左廿二　姚孝彥

皓魄懸空傍斗牛，圓光皎潔耀中秋。舉杯邀月真知己，對影謳歌最摯儔。
酩酊杜康詩幾首，痌瘝納莉淚雙流。今宵身醉心猶醒，誰解平洪釋我愁。

左三右十六　鄞強

飛觴醉月共詩賡，寶鏡當空兔魄盈。逸興謳吟多雋句，放懷酩酊慰平生。
袁宏泛渚三更樂，庾亮登樓萬里情。我輩能無酬壯志，高歌暢飲續鷗盟。

右三左十　張埴爐

銀蟾皎潔照鯤洋，美景良辰喜欲狂。萬里無雲人醉月，一輪如鏡我飛觴。
中秋泛渚詩情溢，半夜登樓酒興長。鷗鷺傾樽皆酩酊，吟聲鉢韻兩悠揚。

左四右十三　　陳焙焜

一輪明月照瀛洲，佳節騷壇萃鷺鷗。百首新詩吟半夜，千杯美酒慶中秋。
人皆酩酊猶歌舞，我獨清醒繼唱酬。最喜嫦娥來踐約，玉山頹倒盡消愁。

右四左八　　陳麗卿

秋色平分引領望，冰輪皎皎耀穹蒼。騷朋暢飲歌千闋，瓊宴宏開醉一場。
琥珀杯含情繾綣，霓裳曲奏韻飄颺。風流最是劉伶輩，名利今宵已兩忘。

左五右十四　　駱金榜

難逢佳節氣澄秋，萬里無雲月色幽。羨景天開清曠域，陶情人在廣寒樓。
酒看滿盞添吟興，民喜空庭豁醉眸。對飲狂歌欣此夕，玉山頹倒儘名流。

左六右避　　許欽南

玉宇澄明素月流，邀賓置酒賞清秋。團圓共詠袁宏渚，酩酊同登庾亮樓。
佳節多情懷舊雨，華箋無計托沙鷗。人心缺憾誰能補，千里嬋娟入醉眸。

右六左十八　　李珮玉

今宵皎潔夜中秋，菊桂飄香溢四周。曳杖登峰追玉兔，邀朋舉酒望瓊樓。
但吟佳句能陶醉，莫論閒言自解憂。世外逍遙行所樂，功名利祿不須求。

左七右廿六　蘇逢時

當頭素魄十分明，準擬中秋按酒兵。一曲霓裳消俗慮，千鍾酩酊爽吟情。
嫦娥且喜臨佳節，騷客猶教結樂盟。寶鏡升空杯在手，何妨醉到玉山傾。

右七左十一　洪淑珍

碧空如洗淨無塵，皎潔團圓野色新。泛渚飛觴迷酒客，登樓賞月醉詩人。
中秋酩酊吟聲壯，半夜顛狂笑語頻。好似玉山頹夢裡，醒來倍覺鷺鷗親。

左八右十五　黃義君

邀月伊誰酒計籌，人天莫不醉中秋。盃盤處處郇公贊，弦管家家越女謳。
爭道蟾光輝海嶠，尙知桂子落泉州。嬋娟千里欣同看，縱到醺醺飲未休。

右九左廿八　張耀仁

天災地變歎今秋，滿眼瘡痍懶上樓。雨捲颱風頻過境，山崩砂石竟成流。
慚無健筆書孤憤，但把愁心付酒籌。又屆團圓三五夜，沉酣願可釋幽憂。

左九右十九　蔣夢龍

嫦娥今夜耀長空，賞景含杯醉海東。萬里光華明漢闕，一潭瀲灩映江楓。
詩聲嘹喨吟雲閣，冰鏡團圓麗碧穹。丹桂飄香秋色好，清樽邀月共朦朧。

右十左避　　李春榮

自來文士擅風流，玩月相將韻事修。最喜聯吟兼縱飲，還從泛渚復登樓。
況無限量陳年釀，正可任教太白浮。吾輩騷人酬令節，不妨沈醉錯觥籌。

次唱：酒　杯　　左詞宗許漢卿先生選
右詞宗林正三先生選

左元右七　　李春榮

飛渡蓬萊認此巵，愁城可破自奚疑。待將玉液瓊漿貯，花月雙雙倩影移。

右元左眼　　姚孝彥

琢玉雕瓊美酒巵，流霞泛蟻爽詩脾。人生但使樽常滿，豪飲長鯨醉不辭。

右眼左十六　　鄞　強

一甕傾來暢飲時，詩仙詩聖即能詩。何妨邀月成三影，對酌飛觴得沁脾。

右眼左十　蘇逢時

鎮日無聊伴玉巵，琉璃琥珀各稱奇。勸君有酒須當醉，莫使空樽對月眉。

左花右廿九　李珮玉

敲詩煮酒半酣時，琥珀頻催注滿巵。菊露香醇不辭醉，酡顏映照玉琉璃。

右花左十八　蔣夢龍

世傳珍品少人知，琥珀杯光耀眼奇。賞玩良宵醇酒滿，同傾一醉我何辭。

左四右廿四　許欽南

三五良宵賞月宜，嬋娟絕艷泛金巵。傾樽老少皆同醉，正是團圓得意時。

右四左十四　陳欽財

晶瑩剔透發遐思，金爵嬌妍媲玉巵。瓊液芬芳延醉意，抱杯墨客興飛馳。

左五右十一　張塏爐

金風桂苑正秋時，國慶歡騰映酒巵。桌上玉杯皆琥珀，傾觴得句覺神馳。

左五右十一　許又勻

玉杯剔透勝琉璃，琥珀浮光耀滿巵。把玩終宵不思睡，欲邀明月醉東籬。

左六右十三　王　前

夜光杯貴久名馳，珍品人誇價不移。最喜良宵邀月飲，溶溶影落起漣漪。

左六右十三　陳焙焜

吟朋共坐酒樓時，百盞同斟琥珀卮。邀月飛觴懷李白，九龍盃祝壽期頤。

左八右八　姚孝彥

葡萄美酒泛琉璃，酩酊良宵爾我知。狼藉杯盤君莫笑，金觥琥珀一堆詩。

右九左廿六　張耀仁

巨觥個個古神奇，對酒歡心勝玉卮。太白吟風邀皓月，八仙共飲醉難支。

左九右三十　林振盛

乘興香醪倒玉卮，潤喉解悶藉君隨。倩誰無客何孤飲，對影成三莫笑癡。

左十右避　林正三

天資原屬碧琉璃，菊釀傾來等玉脂。詞客一尊常在手，濁賢清聖總相宜。

光復組例會十一月二十五日開於吉祥樓餐廳。值東：蘇逢時、許文彬、張耀仁、李宗波、洪玉璋、賴添雲、趙松喬、吳裕仁、曾銘輝、黃鶴仁、黃金陵。

女詩人

左詞宗許漢卿
右詞宗蔣孟樑先生選

擬作　黃鷗波

裊娜腰肢淡淡粧，吟風做句有閨香。騷壇鬥韻爭頭角，學海揚威是女娘。
感事賴留董子筆，傷時嘆濟時槍。珠簾繡幙長興嘆，何日匡時致國祥。

左元右八　陳麗卿

采蘋渾未讓鬚眉，才智相乘蘊玉姿。竇婦織圖誇繡閣，謝家詠絮耀門楣。
詞章揮灑誰堪匹，聲律鏗鏘獨擅奇。睥睨群雄椽筆健，騷壇鏖戰一英雌。

右元左十九　洪玉璋

謝家詠雪盛名傳，不讓鬚眉獨占先。詞著十香蕭后巧，文回片錦竇妻賢。
揮毫玉指如荑嫩，舉盞朱顏似杏妍。自是風流吟未輟，騷壇付與日周旋。

左眼右十六　　張耀仁

萬綠之間數點紅，班香宋艷素精通。情柔態雅才華茂，玉潔冰清品德崇。
詠雪詞新追謝女，探驪筆健繼劉公。心儀蘇蕙迴文麗，不讓鬚眉句特工。

右眼左四　　翁正雄

才華出眾挺芳姿，錦繡胸羅吐句奇。一社賢興來粉黛，千秋詞艷出臙脂。
江城遣興登樓日，玉手迎風折桂時。最愛追隨蕭史後，娥眉聲望媲鬚眉。

左花右十一　　蘇心紘

歷代香閨每出塵，此中不少女詩人。謝娘詠絮詞稱妙，李氏吟風韻益真。
滿腹經綸能寫意，羅胸典籍自傳神。騷壇豈讓鬚眉擅，彤管揚芬鳳藻新。

右花左避　　許漢卿

珠璣滿腹志堪伸，敦厚溫柔懿德遵。握管雕龍詞後秀，題襟吐鳳句清新。
葬花情寫豪門怨，詠絮才欽繡閣珍。激濁揚清描世態，靈犀潔慧仰佳人。

左四右七　　楊振福

晉時蘭室二奇葩，不讓鬚眉任獨誇。謝氏吟風飛柳絮，劉妻祝歲獻椒花。
千年妙句傳千古，八斗高才蓋八叉。但願騷壇添粉黛，共揮彤管戰妖邪。

左五右五　王前

經綸滿腹墨痕香，不讓鬚眉懿德彰。閨閣才華追道蘊，詩魂格調邁漁洋。
縱橫壇坫文名盛，吟詠臺風雅韻揚。更喜探驪看拔幟，齊欽粉黛技深藏。

左六右十四　許欽南

名家閨秀善文翰，詠絮才高媲易安。妙句聯成珠玉萃，奇章琢就斗牛寒。
胸中立壑千山峻，紙上龍蛇一片丹。不讓鬚眉真健筆，雞林價重震吟壇。

右六左十三　蘇逢時

淡掃娥眉不豔妝，春閨索句爲詩忙。蘭英藻思名無愧，道韞毫端墨有香。
耽讀五經揚大雅，鋪陳六義振綱常。叮嚀莫學蘇家妹，策對深宵困乃郎。

右七左十七　駱金榜

相夫徐淑久名馳，出類才華孰不知。偎倚花前喜同好，吟哦月下樂相隨。
情柔藝苑稱賢媛，風雅騷壇作導師。女史堪誇詞賦麗，猶參盛會媲鬚眉。

左八右避　蔣夢龍

仙姿懿德煥文章，巾幗詩書日月長。舴艋載愁懷漱玉，金衣莫惜憶秋娘。
柔音細細聽清妙，逸韻飄飄看抑揚。閨閣詞華誇筆健，蘭心蕙質自流芳。

左九右十二　林正三

偶從詞苑作清遊，詠絮題牋孰與侔。莫道輇才隨驥尾，真堪偉構占鰲頭。
吟懷戛戛煙霞外，雅韻琅琅海嶽陬。詩教正宜閨閣振，紅妝賦性本溫柔。

右九左十一　陳炳澤

閨房淑女詠聲融，嫺雅溫柔學識豐。吟唱清音多美緻，摛詞傑句盡精工。
齊偕男士騷壇進，超越鬚眉鉢韻攻。瀛社新添娘子陣，可期盟運更興隆。

左十右十九　洪淑珍

繡餘蘇蕙巧尋思，情繫迴文織錦詩。柳絮才鳴傾伯子，椒花頌獻勝鬚眉。
冰心穎秀詞華逸，婉淑端莊志節持。難得佳人彤管筆，瓊林揮灑倍清奇。

右十左廿一　陳焙焜

謝道韞同蘇小妹，李清照韻事傳揚。昔時欣有能詩女，今日寧無作賦娘。
吾社招來多淑媛，騷壇可媲眾才郎。一言柳絮因風起，賢婦聲名震晉唐。

次唱：米酒荒

左詞宗 楊振福先生選
右詞宗 翁正雄先生選

左元右三 黃天賜

米酒鬧荒堪笑奇，一瓶難覓幾人悲。成仙成鬼都無計，空向杯前忍渴飢。

右元左廿六 林正三

麯米釀成調味宜，庖廚日用闕如斯。爲貪小利爭屯積，平準無功實可悲。

左眼右六 蘇心弦

街頭米酒缺如斯，列隊求售實可悲。偵破奸商曾囤積，箇中黑幕已全窺。

右眼左十七 許欽南

紅標米酒缺荒時，囤積奸商令眾疑。漲價風聲成搶手，劉伶痼癖感難支。

左花右十一 蘇逢時

玉粒釀成酒缺時，寧無一飲可興詩。素來我有劉伶癖，空負家中玳瑁巵。

左四右四 陳焙焜

古來白米釀醇醨，缺貨因由甚可疑。公賣人民爭搶購，豈容囤積又居奇。

左五右廿二　　許文彬
古來米酒不稀奇，欲飲隨時可買之。政府聲明將漲價，人民列隊待爭貲。

右五左避　　楊振福
廚差米酒飯難炊，巧婦生愁無計施。不見籬邊白衣過，期君速報杜康知。

右六左廿三　　黃鷗波
米酒多年似透支，於今頓積欲居奇。長龍列隊求爭得，笑彼瘋狂似酒痴。

左七右十六　　陳麗卿
邇來米酒急燃眉，苦在庖廚自可知。只恨奸商囤積久，有司整頓莫推辭。

右七左廿三　　陳炳澤
價廉物美適烹炊，一盞難求蓋世奇。獨佔經營真誤事，自由開放酒成池。

左八右十三　　李珮玉
小米香醅譽久馳，烹調漬藥兩相宜。那堪漲價民爭購，應速量增方解危。

右八左十二　　洪淑珍
米酒批商缺貨時，因何公賣亦居奇。官家不識民間苦，應變無方欲問誰。

左九右廿四　鄞強

米酒年來缺貨資，可憐紅友最如痴。奸商囤積貪高利，害慘劉伶買醉時。

右九左十　許漢卿

紅標米酒貨居奇，囤積奸商毒略施。求購乙瓶嗟不易，劉伶乏計可祛飢。

右十左十五　蕭煥彩

奸商囤積欲居奇，隨戶分銷米酒遲。政府除蟲揮魄力，民生樂利莫差池。

九十一年度壬午

壬午花朝組例會三月三十日開於吉祥樓餐廳，由社長黃寬和、副社長值東，未有課題。

桃觴壽群賢

左詞宗羅尚先生選
右詞宗蘇逢時先生選

左元右眼　陳焙焜
庚星十顆射光芒，桃醑花辰獻百觴。杖國杖朝同九秩，壽人壽社壽無疆。

右元左廿九　李春榮
欣從瀛社醉桃觴，來獻岡陵上壽章。媲美香山多一老，騷壇十哲正康強。

左眼右十　許漢卿
瀛社桃樽喜宴張，壽星朗朗熾而昌。庚齡鶴算齊彭祖，瑞靄歡聲遶吉祥。

左花右十一　黃鷗波
星輝南極晉桃觴，欣頌群賢福且康。社慶花朝人祝嘏，壽山福海永禎祥。

右花左廿七　張耀仁
瀛社花朝喜氣洋，舉杯共祝福無疆。群賢耄耋身猶健，南極星輝日月長。

左四右十三　陳欽財
花朝雅契美筵張，矍鑠群賢萃一堂。瀛社桃觴三祝頌，期頤可待壽而康。

右四左廿六　翁正雄
吉祥樓上百花香，詩祝群翁福壽長。二月春風能解意，也分桃實醉霞觴。

左五右廿七　王　前
稻江設帨頌無疆，爲祝群儒綺宴張。願與花神重一醉，嵩呼共獻舊桃觴。

右五左六　駱金榜
蟠桃開日千秋慶，古柏參天百歲長。十位詩星康且健，河山並壽醉霞觴。

右六左十二　吳蘊輝
壽星拾位醉桃觴，社運蒸蒸大吉祥。更喜吟儔詩獻頌，遐齡共祝配天長。

左七右七

花朝祝嘏有紅妝，入座春風語帶香。共賞佳聯呈翰墨，十翁並壽慶同昌。

蕭煥彩

左八右二十

滿座詩朋喜氣洋，群賢雅集晉桃觴。吉祥樓裡開吟宴，互敬人人永健康。

林振盛

右八左十一

三祝群賢聚吉祥，古稀朝杖壽而康。龜齡五福詩才健，社友同書賀百章。

李珮玉

左九右十九

壽星雲聚舉桃觴，騷客祥樓吐鳳章。合祝吟軀彌健壯，祈同社運與天長。

陳麗華

右九左廿八

南極庚星現瑞光，花辰祝嘏獻桃觴。壽人壽社千杯醉，十位詩翁健且康。

張壇爐

左十右十七

瀛洲社侶獻桃觴，鵠候詩星早蒞場。為祝青春長不老，精神矍鑠壽而康。

蘇心弦

清和組例會於五月二十六日（農歷四月十五）假吉祥樓餐廳舉開，值東：林英貴、吳玉、張埴爐、林彥助、許欽南、許哲雄、翁正雄、林正三、黃調森、蕭煥彩。

母語傳承

左詞宗　李春榮　先生選
右詞宗　洪玉璋

左元右廿八　賴添雲

花開萬朵果千千，物衍天行是自然。母語情傳親不斷，人文氣接意相連。諸方互重多生趣，百族和融各逞妍。先日若無施錯政，薪承何費苦揮鞭。

右元左四　洪淑珍

閩南一脈自炎黃，母語千秋豈可忘。萬卷雄渾文錦繡，八聲優美韻琳瑯。遴編雅句研唐典，制訂音標註漢章。薪火傳承吾有責，並期朝野共推揚。

左眼右十八　楊振福

欣看八代起衰中，牛步遲遲好似蟲。國教若能趨漢化，天聲必漸矯民風。承薪且備傳薪志，衛道猶憑講道功。願眾聯儒成一氣，齊推母語速升東。

右眼左十　蔣夢龍

方言衍派植根深，歷代傳承自古今。梅縣由來賡客語，台灣卻似有閩吟。
國民黨教燕京話，海島人需本土音。百鳥齊鳴才是道，族群和睦好良箴。

左花右十七　許欽南

傳承母語責非輕，源溯中原發正聲。繼往開來興國學，培苗固本賴詩盟。
漳泉雅調須詳究，河佬元音再細評。欲使方言能廣化，宜從教育力深耕。

右花左十三　蕭煥彩

寶島先民率自閩，言談習俗一家親。詩歌詠誦追唐韻，文化淵源溯漢人。
河佬客音宜並蓄，布農鄒語豈能湮。多元社會多元化，母語傳承志共伸。

右四左七　蘇心絃

承傳母語展新聲，廣播元音萬里程。限用京腔原不當，消除漢語永難平。
改弦正是依公意，易轍無非體眾情。猶憶斯庵遺澤在，贊襄本土古今旌。

左五右廿五　吳裕仁

重興母語啓童蒙，激起元音志不窮。薪火傳承扶正氣，生花教化共推崇。
弘揚國粹綱常振，大漢天聲世認同。培育人才時累進，詩書繼起入詩筒。

右五左廿五　陳炳澤

天生言說利溝通，代代承來話彙豐。句吐鏗鏘欣悅耳，歌吟婉轉樂和衷。
歷傳母語經千世，莫使元音失一空。我亦不辭勞耄體，回鄉義務教群童。

左六右八　李宗波

閩腔雅韻欲風行，漢學將來起共鳴。提倡古詩師杜甫，闡揚通史仰連橫。
承傳台語公文化，追溯方言本土情。但使八音延一脈，騷人啓後責非輕。

右六左廿七　鄞強

訓育年輕負兩肩，準繩母語得綿延。橫遭壓抑言難說，致使生疏話失傳。
梓里相連齊學習，族群融洽共探研。殖民五秩成中斷，振發台音仗俊賢。

右七左十二　林彥助

母語交談最自然，溫柔腔調扣心絃。相承普化焉嫌後，教導宏揚務必先。
河佬音真情懇切，客家韻雅意幽玄。優良道統多推廣，老少親和萬代傳。

左八右十四　駱金榜

台灣文化早名揚，漢學根深翰墨香。河佬方言宜倡導，客家土話力圖強。
相期政府推行速，端賴黌堂講解詳。拼字音標齊發展，傳承母語好詞章。

左九右廿一　許又勻

由來母語最根源，卌載黌宮戒禁言。賢士愛鄉珍本土，朝廷治國揭新旛。
奠基教育同襄計，臻選良師不憚煩。但願薪傳諸學子，扣鐘問字到斜昏。

右九左十六　李珮玉

親子呢喃最貼心，交談無礙是鄉音。但悲政府方言策，遂使黌宮母語瘖。
輪換新猷重鼓吹，欣將古調再歌吟。原腔詞彙誰能替，薪火同擔獻熱忱。

右十左十五　葛佑民

茹毛飲血似蠻夷，遠祖洪荒緼毓遲。進化億年凌萬物，綿延百代挺雄姿。
閩南話舊言辭雅，寶島維新士庶期。母語傳承繁祚胤，振興民族固根基。

次唱：空　難　左詞宗楊振福先生選
　　　　　　　右詞宗許漢卿先生選

左元右花　翁正雄

華航空難報頭刊，怵目驚心不忍觀。筆伐口誅詩共讉，亟須整治是飛安。

右元左廿二　陳麗卿

驚傳噩耗痛心肝，又見銀鵬墜海殘。急救厭聽濤怒吼，廟堂應亟重飛安。

左眼右七　龔家庭

談機色變坐難安，墜碎頻聞膽欲寒。骨肉橫飛浮海上，打撈未忍看骸殘。

右眼左十一　蔣孟樑

空難頻傳亦膽寒，人機瞬息杳雲端。何如徒步當車馬，無慮無憂百歲安。

左花右十四　許又勻

驚聞墜海膽凝寒，遺憾華航肇禍端。兩百餘身齊殞命，教人能不重飛安。

左四右〇　洪玉璋

扭開電視乍驚看，又報墮機心膽寒。二百餘人身葬海，民航局應重飛安。

右四左廿五　陳麗華

華航空難豈無端，禍事人爲誠可歎。莫使幽魂空抱恨，勤修機械重飛安。

左五右十六　吳東晟

奔天容易返鄉難，鐵翼折時心苦酸。忍對兒童談浩劫，亡人二百拜仙壇。

右五左七　林正三

銀鵬一霎落雲端，座客何辜葬碧瀾。但願犧牲能喚醒，有司早與重飛安。

左六右廿八　黃天賜

空中巴士爆雲端，片片殘骸墜海瀾。救拯動員難見效，飛安重視不應寬。

右六左二十　駱金榜

遙聞爆炸感難安，忽看高空火一團。失事飛機全解體，哀鴻遍野痛骸殘。

左八右十二　林振盛

華航失事一登刊，聞訊阿誰不膽寒。兩佰餘人齊落難，全球警惕重飛安。

右八左十七　葛佑民

馬公郊外仰頭觀，驚見高空火一團。空難頻傳人命賤，豈容疏忽任摧殘。

左九右十五　賴添雲

又聞空難膽驚寒，數百災家泣血肝。怎忍肚腸天海撒，華航何日得飛安。

右九左廿三　張塇爐

華航空難爆雲端，出國歡遊竟命殘。眷屬淚紅悲慘甚，魂沉澎海最心酸。

左十右避 許漢卿

鐵翼凌雲似羽翰，飛行迅捷海天寬。惟憂失事成空難，著陸人方慶吉安。

右十左十八 洪淑珍

驚聞空難劇心酸，世事無常嘆杳漫。萬里遨遊魂不返，雲天望斷問飛安。

觀蓮組例會七月十四日（農曆六月初四）開於吉祥樓餐廳。值東：王　前、李智賢、蔣孟樑、陳欽財、林麗珠、黃國雄、張明萊、鄭水同、林春煌、蔡柏棟。

望雲霓

左　詞宗　翁正雄先生選
右　　　　康濟時

左元右廿四 林麗珠

極盼雲霓帶雨來，蓬嶠南北暖如煨。焚風撲面燒山野，天際投冰未起雷。田地休耕農事廢，鄉城限水病原媒。謁神鑿井尋良策，黎首同心抗旱災。

右元左十一　許漢卿

不雨多時旱魃臨，雲霓渴望盼甘霖。滂然澤潤禾苗秀，沛若膏腴草木深。
大地欣消缺水怨，蒼天幸發濟時心。昭蘇萬類施恩溥，起死回生滴滴金。

左眼右十九　蔣夢龍

旱象頻傳竭澗溪，三臺解渴望雲霓。祈天作美施甘露，大地昭蘇救苦黎。
忽喜颱風來急雨，咸欣水庫漲長隄。也應節約方爲道，海國無憂物物齊。

右眼左四　洪玉璋

炎炎旱火似爐烘，稻麥苗枯處處同。目瞪長天雲不雨，手揮鎮日扇無風。
河床已裂銀鱗杳，水庫將乾白鷺空。真是好颱雷馬遜，沛然潤物兆年豐。

左花右十三　張耀仁

大旱成災遍地焦，群黎企盼雨瀟瀟。山深泉涸無餘瀝，野曠林枯有噪蜩。
望眼欲穿雲不見，憂心坐困日高燒。沛然如得傾盆下，滿市霑濡暑氣消。

右花左廿二　鄞強

極盼成霖降及時，田園六畜普霑滋。電源充裕繁經濟，科技提昇得業資。
解渴化如施聖教，流甘歡比待王師。人生用水能無缺，國泰民安喜可期。

右四左避　翁正雄

近日甘霖沛海東，家家喜雨願相同。何愁水庫源將竭，但看雲霓句自雄。
沾足田園粱稻美，潤餘山野李桃紅。書生一併承恩澤，大筆淋漓氣似虹。

左五右十六　楊振福

日炎威熾旱依然，大地如爐未解煎。翡翠將空官限水，石門探底眾望天。
雲由海角從龍出，風至嶠東隨虎偏。竟夜甘霖滋潤後，晨山忽見彩霓懸。

右五左九　林彥助

炎陽無雨苦難言，失策官場亦喊冤。久旱乃知維水庫，望霓方悉闢泉源。
家家購置新膠桶，戶戶爭排大面盆。過境不登雷馬遜，甘霖時注潤乾坤。

左六右十七　曾銘輝

一場旱魃襲蓬萊，末劫如斯劇可哀。百業焦鍋消火急，萬民涸鮒待霖來。
廟堂口水多天水，社稷人材乏棟材。經濟台員期潤澤，仰看甘澍朵雲催。

右六左七　陳麗卿

旱魃爲災苦不休，雲霓渴盼掛山頭。忍看隴畝青苗萎，肆虐郊原熱浪浮。
企業燃眉焦似火，人工造雨慢如牛。穹蒼若有蘇民意，一瀉滂沱解眾愁。

右七左十　黃義君

壬午春終入夏天，台灣苦旱涸河川。水窮工廠難生產，禾死農家枉力田。
蔚翠三江因以改，揚雄一拄乃之捐。全民俱切雲霓望，唯乞甘霖解倒懸。

左八右十一　蘇逢時

旱魃難除最可憐，雲霓渴望眾憂煎。期蘇大地多般物，好潤膏腴萬頃田。
唯有晴空張火傘，全無雨意起寒煙。何由借得坡公筆，誌喜名亭待續篇。

右八左二十　許又勻

悠悠久旱苦災萌，鯤北良田幾廢耕。湖澤連朝愁缺水，工農百業困營生。
十方黔首祈天福，何日甘霖解渴情。但願滂沱驟然至，萬民雀躍共歡聲。

右九左廿七　李珮玉

久旱驕陽酷暑侵，天乾地燥殆流金。河川水庫呈砂礫，菜圃農田乞雨霖。
政府求援災欲解，民間限用苦難禁。蒼生翹首雲霓望，濟眾及時豐霈臨。

右十左十三　王　前

久旱蓬瀛草木枯，蒼生翹首望雲衢。池乾水涸三農苦，穗萎風搖百畝蕪。
野似焚燒期雨露，人如浴火待霑濡。遙天直盼驚雷起，一降靈漿潤海隅。

次唱：螢　火

左詞宗　楊振福先生選
右詞宗　黃天賜先生選

左元右眼　王　前
飛螢浥露滿籬前，閃爍高低點點妍。藉汝微光輝大地，免教濁世暗無邊。

右元左廿八　陳欽財
薰風習習夜情妍，閃爍星流宛似仙。飄動火花吹不滅，入詩壯景盡怡然。

左眼右十七　張埴爐
入夜乘涼六月天，溫柔螢火水田邊。兒童追逐歌聲響，綺麗鄉村憶少年。

左花右廿八　曾銘輝
車胤囊光頌在前，扇來杜牧入詩篇。於今復育尋蹤跡，說與童真保自然。

右花左十九　洪若谷
疑星閃爍若燈懸，照遍山邊與水邊。環境而今遭破壞，瀕臨絕種有誰憐。

左四右十五　許又匀

熒熒草際萬蟲翩，彷彿如燈燦滿天。一樣流星穿樹過，幾疑雪片落樽前。

右四左廿五　吳裕仁

如星飛過小窗前，今日凋零影失妍。寄語人人齊保育，欣教生命燦重燃。

左五右二十　許漢卿

的皪流光明草際，飄颻弱體耀風前。囊螢照讀千秋仰，車胤寒門勵學堅。

右五左二十　李珮玉

涼生暑月坐階前，忽暗忽明螢火穿。點點夜風吹不滅，借光揮筆作新篇。

左六右廿四　黃義君

寒士搜珊志不蠲，囊螢助讀竟千篇。寸光應許高人借，弘道修齊補昊天。

右六左八　張添財

流螢閃閃滿山邊，月照當空添景妍。助讀寒窗貧苦子，火光回憶意茫然。

左七右廿一　林彥助

寒門有士志剛堅，夜讀無燈亦奮研。撲集螢蟲光滿橐，胸羅萬卷勝思賢。

右七　黃鶴仁

微芒熠熠繞庭邊，忽地如梭過眼前。深夜昏燈迷老目，翻疑牛女下重天。

右八左十三　蔣孟樑

夏宵熠熠耀溪川，彷彿星河下九阡。腐草化螢真奧妙，囊來夜讀憶先賢。

左九右廿九　葛佑民

青光閃閃小溪邊，樹影搖搖月色偏。獨坐寒窗無燭火，囊螢夜讀效先賢。

右九左十一　康濟時

古說囊螢借火研，三餘苦讀聖賢篇。今人保育欣重現，長使微光燦夜天。

左十　謝玉卿

草際熒熒光不息，風中點點耀連綿。裝囊照讀欽車胤，淬勵躬修進大賢。

右十左十七　許欽南

熒光點點耀風前，揮扇相追過小川。我愛飄飄流火閃，佳人輕撲入詩篇。

板橋扶輪社舉辦，瀛社、貂山聯吟，日期失記。

板橋展望

左詞宗張國裕
右　　姚孝彥先生選

左元右十一　鄞強

百葉咸亨喜可期，枋橋今見奠鴻基。全台眾譽精謀略，北縣多方富設施。
開闢舊街興善政，建成新站展宏規。本源園邸名千載，鼎盛繁榮入史詩。

右元左十六　林正三

改制於今歷卅年，枋橋麗景燦中天。亭園跡認流源遠，書社碑傳禮教先。
逵道通津成輻輳，層樓聳漢復駢聯。政經北縣歸樞紐，日見繁榮是必然。

左眼右八　嚴素月

地靈人傑數枋橋，奕代風華處處嬌。蓬蓽艱辛懷昔日，工商丕展看今朝。
本源園邸聞全國，慈惠香煙繞九霄。縣轄市中稱首善，殷期升格唱虞韶。

右眼左卅九　張明萊

板橋史館發輝煌，惠世扶輪正義長。瀛社騷風賡雅頌，林家典籍煥詞章。
詩書自昔丹鉛壯，翰墨由來彩筆揚。展望斯文傳我輩，鉢聲永佈匯鯤洋。

左花右花　駱金榜

環顧枋橋吐彩芒，高樓聳立勢軒昂。往來鐵路連公路，遠近商場似戰場。
義學碑文千載頌，林園勝景五洲揚。相期經建完成日，桑梓繁榮德政彰。

左四右十三　簡華祥

泱泱縣治壯圖開，寶地繁華百業恢。鬧市聲喧人薈萃，名園景麗客徘徊。
高樓綺錯榮經濟，大道綿延利往來。佇望枋橋升格日，同歌文德舉霞杯。

右四左十四　蘇心紘

板橋建設自堪稱，車站巍峨二十層。開拓田園生產盛，疏通水利物資增。
加強科技鴻圖展，促進工商景氣騰。幸有扶輪諸社傑，贊襄市政佐中興。

左五右七　陳欽財

河山旖旎入新詩，人傑風淳盛譽馳。慈惠禪宮揚聖教，大觀義學奠文儀。
交通輻輳民財聚，建設輝煌德政施。都會泱泱鯤島甲，板橋遠景展邦基。

右五左卅四　　黃義君

板橋拓殖跡堪尋，長締輝煌耀古今。慈惠宮門連市肆，大觀書院播徽音。
地靈自得神仙住，人傑當招善賈臨。展望前程歌健翮，伊誰詞客不題襟。

左六右十七　　許欽南

九月秋光曉氣清，林家園邸寄幽情。樓臺眺望晨曦麗，庭閣登臨夕照明。
薈萃人文昭美譽，推行社教博佳評。賢廉縣宰施仁政，建設枋橋日向榮。

右六左七　　洪玉璋

板橋源溯自清時，發蹟林家遠近知。勾勒藍圖成大市，闢開綠野肇鴻基。
當年想像衣冠盛，此日繁華景物奇。工賈士農同激勵，躋身國際邑名馳。

左八右十二　　黃天賜

大漢溪邊一板橋，祖先開墾始清朝。江城自古工商盛，義學從來道德昭。
捷運交通民讚賞，林園古蹟眾誇驕。扶輪鉢會騷盟聚，槖筆同將展望描。

左九右廿九　　洪淑珍

板橋縱眼喜題襟，園邸風華歷古今。優質市容圖美境，均衡區域賴良箴。
交通便捷工商盛，文教推行化育深。升格有期酬宿願，榮登台北副都心。

右九左十一　許漢卿

北縣名都譽板橋，別開生面見今朝。工商發展交通暢，經濟繁榮景物饒。
薈萃人文歌郅治，隆興市井仰風標。蒸蒸建設鴻猷振，錦繡前程信可描。

左十右廿二　林彥助

板橋優綰兩溪濱，建設輝煌日又新。政績通和安社稷，民生福利遍鄉鄰。
交衢穿地增奇跡，華廈摩天競美輪。來日晉升爲院市，昌隆邦國惠人人。

右十左廿二　李宗波

板橋勝景士風騷，夏日登臨藻思豪。一市工商窺豹略，萬家燈火展龍韜。
屯山遙望珠璣富，淡水凝眸格調高。百業興隆人刮目，前程似錦眾榮褒。

次唱：族群融和　詞宗許漢卿先生選

詞宗擬作　許漢卿

各族融和德不孤，同襄社稷策良圖。精誠團結興邦運，衛護台灣入坦途。

元　黃義君

兄弟追源血不殊，族群融合享歡愉。莫分外省與台省，相愛相親步坦途。

眼　林正三

陸臺閩客本無殊，唯有原民稍異趨。深願群流融一體，諧和萬族起宏圖。

花　張耀仁

漳泉械鬥命如雛，歷史悲傷豈可無。和合族群今急務，安居樂業太平符。

四　駱金榜

神州先後徙臺區，惡鬥無端眾笑愚。美國良規堪借鏡，族群融洽展鴻圖。

五　周明宏

葉茂枝繁源一株，同胞手足共匡扶。融和異族拋歧見，互助無分漢與胡。

六　陳焙焜

高山河洛客家俱，昔日延平建漢都。五族共和興寶島，今應融合壯雄圖。

七　曾銘輝

鯤島偏安共一隅，同心同命志同途。族群不異親兄弟，合拓胸襟壯版圖。

八　　黃調森

化育人群仰大儒，融和吾輩世匡扶。無分異族同心力，策劃興邦展壯圖。

九　　姚孝彥

渡海來臺闢棘蕪，不分先後共持扶。族群融合齊團結，萬眾同心國可圖。

十　　蕭煥彩

客家河洛語雖殊，習俗文風一脈濡。各族有緣鯤島聚，存同捨異展鴻圖。

中秋組例會九月廿九日開於吉祥樓餐廳。值東：葛佑民、駱金榜、楊振福、蔡秋金、鄞強、黃天賜、許又勻、陳麗卿、李珮玉、陳賢儒。

八月十六夜賞月

左詞宗　蔣夢龍
右詞宗　許欽南　先生選

左元右九　陳焙焜

冰輪皎潔挂雲霄，時值中秋過一朝。銀色精光同昨夜，金風爽籟遍今宵。
樓頭再賞南天月，岸畔猶觀北海潮。觴詠最憐新缺後，當歌酩酊樂逍遙。

右元左九　翁正雄

中秋節後契知音，坐賞江樓酒共斟。兔魄漫從今夜減，詩情更比昨宵深。
一輪皎潔天邊望，千古風流月下尋。二八嫦娥姿特美，婆娑起舞對高吟。

左眼右六　蘇逢時

中秋纔看玉輪昇，二八良宵一樣明。對影寧無坡老癖，飛觴應有謫仙情。
淡江緩步尋佳句，皓月流輝映太清。拙筆欣隨銀漢轉，陶然勝賞賦承平。

右眼左花　王　前

漫云三五月華明，二八蟾宮望更清。老桂飄香宵靜寂，邀朋引酒話虧盈。
懸天總覺圓無缺，照地餘輝興自生。今夜登樓風露重，秋光坐賞滿鄉情。

右花左十九　楊振福

葢簪聊酌菊叢前，並賞蟾光照大千。昨夕五三無足滿，今宵二八更團圓。
西風颯灑開雲匣，南呂玲瓏入夜絃。杯對素娥邀共飲，何妨縱逸醉翻天。

左四右〇　　許漢卿

賞月休誇三五好，嬋娟二八更銷魂。清光照水仍奩様，素影窺形杳斧痕。駐足花間瞻皎潔，放眸天外覓溫存。祥樓雅集欣觴詠，心曠神怡了俗煩。

右四左十一　　陳麗卿

銀蟾二八耀蒼穹，清賞重來處處同。昨詠冰輪真皎潔，今謳玉鏡尙玲瓏。舉杯對影心何爽，擊鉢鏖詩興靡窮。圓缺無常塵世事，感懷每寄月明中。

左五右七　　駱金榜

皎潔休誇三五好，清輝二八最魂銷。庾樓韻事連今夜，袁渚悠遊繼昨宵。騷客飛觴欣醉月，美人倚檻獨吹簫。更深不覺風霜冷，玉鏡依然照碧霄。

右五左避　　蔣夢龍

中秋雲罩興闌珊，隔夜冰蟾麗廣寒。把酒持螯賞明月，題詩擊鉢壯文翰。一輪正喜深宵掛，萬古消愁舉盞歡。最愛團圓欣節後，稻江吟侶放懷寬。

左六右廿七　　林正三

中秋乍過影猶明，二八登樓引興生。潮漲潮回千尺勢，月圓月缺十分情。不嫌桂露當身冷，爲賞蟾光入眼清。誰把青詞乞真宰，莫教朔望有虛盈。

左七右十九　　鄞　強

銀盤潔淨耀中天，賞伴嫦娥倆未眠。玉兔邀臨爭艷麗，金蟾赴約鬥鮮妍。
同追杜甫裁詩聖，眾望吳剛伐桂仙。寶鏡當空輝萬里，今宵二八最光圓。

左八右三十　　蕭煥彩

災區重建宕三年，感賦中秋後一天。賞月無心心已碎，吟詩有恨恨難填。
冰輪依舊光輝照，鐵屋不堪貧病煎。卻想陰晴圓缺理，人間苦樂要隨緣。

右八左十七　　洪淑珍

二八月華仍似輪，清輝皎皎伴吟身。松醪邀客同歡賞，水調飛觴互效顰。
丹桂香飄撩雅思，蟾宮雲散認佳人。斯情斯景奚辭醉，一任更深樂酒巡。

左十右十二　　李春榮

昨宵三五雨餘天，不見當空金鏡懸。今夜嫦娥剛出現，一時騷客競爭先。
婆娑未覺蟾光減，皎潔焉疑桂影偏。誰共飛觴邀月姊，載歌載舞廣寒前。

右十左十五　　陳欽財

鴻來燕去蟀齊鳴，蘆白楓丹桂魄清。玉彩光華詩意溢，金波綺色雅心明。
疏疏列宿三更坐，耿耿銀河四海情。十六餘輝超十五，嬋娟相共譜昇平。

右十　　　　　　　姚孝彥
不減渾圓更朗明，仲秋既望潔觴迎。南飛烏鵲曹操志，西眺岑樓庾亮情。
海峽洪濤猶暗湧，金樽美酒只愁傾。願祈蟾魄柔光照，兩岸長輝醉太平。

次唱：賞　菊　　　　左詞宗許漢卿
　　　　　　　　　　右詞宗洪玉璋先生選

左元右十八　　　　　林正三
浥露淩霜志亦雄，秋來艷放小籬東。閑心我亦師陶隱，把酒悠悠坐菊叢。

右元左廿一　　　　　李宗波
閒來信步叩籬東，入眼黃花吐艷中。我與淵明原共好，賞心孰並老夫同。

左眼右五　　　　　　張耀仁
黃花艷麗燦籬東，晚節嶙峋笑我同。久矣心儀陶處士，效他欣賞月明中。

右眼右廿八　　　　　蘇逢時

柴桑緩步納西風，爲看黃英已綻紅。我與淵明皆逸趣，一秋欣賞戀籬東。

左花右廿五　姚孝彥

百卉凋時卻滿叢，獨沾玉露艷秋風。始知彭澤東籬樂，傲骨清芬晚節崇。

右花左十五　葛佑民

傲霜挺立小籬東，黃白爭妍映碧空。我比淵明還愛汝，晨昏相對醉吟筒。

左肆右十　陳麗卿

瓊英怒放滿籬東，點綴秋心自不同。氣骨一如陶處士，田園歸隱坐芳叢。

右四左廿二　駱金榜

冷艷金英鬥紫紅，霜花喜見小籬東。千秋傲骨誰欣賞，我與淵明共可風。

左伍右廿二　陳欽財

雲高氣爽滿籬東，暢賞黃花藻思融。把酒興詩三徑艷，餐英我愛媲陶公。

左陸右廿一　蔣夢龍

已見黃花麗海東，繞籬雅賞醉金風。秋容老圃凌霜艷，抱酒題詩藻思雄。

右六左〇　鄞強

帶紫凝霜點綴工，香浮笑日正搖紅。賞真籬畔陶潛愛，月助三分坐菊叢。

左柒右廿三　　黃鷗波

秋深黃菊艷籬東，萬點金英造化功。願學經霜長不萎，堅貞耐冷益豪雄。

右七左十六　　黃天賜

清香淡雅綻籬東，老眼睜明訴寸衷。最是傲霜高氣節，好摛佳句賦秋風。

左捌右十七　　黃義君

傲霜浥露發籬東，香葉寒葩醉老翁。我與淵明同痼疾，呼君日共盡千盅。

右八左十七　　翁正雄

吟詩攜酒效陶公，醉賞寒英不畏風。三徑徘徊頻覓句，一枝獨秀賦籬東。

左玖右〇　　王　前

一籬玉蕊弄秋風，馥郁香飄藻思雄。五爪花開三徑艷，持螯坐賞效陶公。

右九左十　　洪淑珍

黃花怒放艷籬東，陣陣幽香醉雅翁。秀色賞心憐晚節，摘來佐酒樂無窮。

端陽組例會，十月十三日開於吉祥樓（因故延開），值東：林錦銘、陳炳澤、蘇心紘、黃義君、蘇逢時、張開龍、林振盛、許漢卿、陳麗華、洪淑珍。

秋夜品茗

左詞宗蔡秋金
右　　林正三先生選

左元右十三　　王　前

庭梧葉落感微涼，煮茗烹泉顧渚香。皓月窺窗聲靜寂，疏星倚樹影迷茫。
傾聽萬籟秋懷動，細品終宵藻思長。情景融和茶味好，清談徹夜興飛揚。

右元左十二　　許漢卿

嫩擘龍芽石鼎煎，秋宵茗座聚高賢。一甌香蕩情懷美，兩腋風生氣味妍。
解渴除煩孤悶破，清神醒酒俗塵蠲。姮娥伴我詩腸潤，逸興遄飛似謫仙。

左眼右廿一　　李宗波

文章知己渺尊卑，安得談心月上時。久別無分茶當酒，重逢有意夜論詩。
荈香深緣情何重，爐火初紅味不移。閒趁西風終履約，同傾涷頂解相思。

右眼左五　　　　　　　　　　蕭煥彩

金風送爽喜相逢，品茗談天月色濃。醒腦清心滋肺腑，生津止渴養顏容。
顧山紫筍人偏愛，鹿谷烏龍我獨鍾。涼夜鬥茶兼鬥韻，道追陸羽莫爭鋒。

左花右六　　　　　　　　　　黃義君

破妄銓真孰最嘉，清秋燈下品龍芽。文山凍頂香相埒，雨後明前韻有差。
數片含黃同老叟，半甌泛綠類嬌娃。陸三盧七能參透，何處生涯不著花。

右花左十六　　　　　　　　　鄞　強

論述烹茶慰寂寥，嫦娥相伴可憐宵。盧仝七碗馨香溢，陸羽三篇美味調。
煮茗何妨梧葉落，談經亦覺桂花飄。怡然夜靜同評鑑，口感烏龍雀舌饒。

左四右廿三　　　　　　　　　駱金榜

節慶重陽前一日，會開稻渚萃群賢。觀音羅漢含香韻，蟹眼魚睛破水眠。
秋夜最宜茶款客，談心不用筆留箋。明晨結伴登臨去，雅士龍山賞菊天。

右四左廿二　　　　　　　　　姚李彥

秋風玉露桂香盈，月掛松梢滿院明。我自瀹茶欣盡意，客來當酒樂忘情。
催詩七碗吟脾爽，利膈三甌道骨輕。暢快談禪閒品茗，何庸濁世逐虛名。

右五左廿八　楊振福

石泉煎茗味芳香，且可提神引興長。腋下生風元氣湧，喉中繞韻道眉揚。
何依陸羽三經煮，未考盧仝七碗嘗。看老工夫沖野趣，秋宵一飲力超強。

左六右十　張耀仁

啜茶寒舍會親朋，爐火初紅水汽蒸。葉選新芽來鹿谷，壺挑古董出宜興。
三杯入口吟喉潤，兩腋生風笑靨增。秋雨通宵人話舊，清香引趣喜難勝。

左七右十八　張埴爐

金風颯爽又臨秋，剪燭西窗興未休。雅士談詩傾七碗，騷人品茗飲三甌。
烹來龍井堪醒醉，沖沏山泉足解愁。整夜煮茶兼賞月，清香撲鼻潤吟喉。

右七左十五　陳麗華

秋宵品茗萃騷人，皓月當空雅興伸。七碗入喉風起腋，半甌潤口吻生津。
初嘗雀舌香尤好，試啜龍芽種最珍。飲後詩脾俄一爽，揮毫摘句覺清新。

左八右〇　陳麗卿

月映瑤階蟋蟀鳴，深宵瀹茗聚群英。味醇包種深深品，氣馥烏龍細細評。
詩客潤腸添藻思，鄉紳當酒敘閒情。飲中極品餘甘永，一夜逍遙百念清。

右八左○　許欽南

菊滿東籬月滿天，論文品茗試新泉。幾杯獨酌消塵慮，數碗同斟結雅緣。
香沁齒牙神氣足，味含胸臆俗情遷。詩清既是茶多飲，下筆何難似謫仙。

左九右廿七　洪玉璋

以茶當酒勝珍饈，款客寒宵秉燭遊。烹出味甘隨醒腦，啜來神爽頓消愁。
潤卿歌舌文山最，滌我詩腸鹿谷優。難得一杯長在手，好邀霜月共沈浮。

右九左廿七　翁正雄

秋宵茗敘會群賢，坐論茶經陸羽傳。器用甏壺沖雀舌，爐升活火煮新泉。
清香爭說文山好，嫩色咸誇凍頂妍。涼夜談天杯在手，敲詩細品樂陶然。

左十右十九　蔣夢龍

海國金風入夜涼，一壺翠茗發濃香。稻江正喜來嘉客，冰鏡猶欣露瑞光。
陸羽茶經吾最愛，醉翁秋賦思偏長。盈甌凍頂消塵慮，促膝清談爽氣揚。

次唱：江城秋望

左詞宗王　前
右　翁正雄先生選

左元右十六　洪玉璋
一年又見雁來天，獨上層樓思渺然。因恐浮雲遮望眼，更攀屯嶺最高巔。

右元左廿八　蔣夢龍
一望都門秋色妍，黃花老圃麗江天。登樓覽遠思王粲，無限斜陽愛暮年。

左眼右六　許哲雄
稻津難見白蘆天，屯嶺盤雲聳眼前。廣廈如林稱首邑，看無一處放飛鳶。

右眼左十八　楊振福
登樓遠眺菊秋天，旗海滿街飄市煙。不久江城將逐鹿，何時得過太平年。

左花右十三　張耀仁
蘆白楓紅水岸邊，江城遠眺渚浮煙。蓬萊此日蕭條甚，何日人間解倒懸。

右花左避　王　前
稻江雅契菊花天，把酒騷朋賦錦篇。氣爽憑欄遙遠望，雲高又掛一輪妍。

左四右七　　黃天賜

秋爽登高碧水邊，江城遠眺漫雲煙。紛爭國事難安枕，盼望和平福祉綿。

右四左十五　　陳彩嬌

極目江城落照邊，華燈萬盞閃塵煙。樓雖近水難撈月，怎可秋波對鏡圓。

左五右〇　　李宗波

入眼江城月似弦，重陽恰是菊花天。亂山無那風霜重，葉落梧桐最可憐。

右五左十七　　蕭煥彩

木落蛩吟淡水邊，城樓遠眺碧雲天。一聲雁叫驚風起，越過觀山獨占先。

左六右十九　　蔡秋金

眼放江城有變遷，家家冷氣已無權。我來只愛秋蕭瑟，盡掃炎氛好入眠。

左七右廿九　　姚孝彥

登高遠眺稻江邊，一帶澄波碧接天。紅蓼白雲清入骨，詩心融入好參禪。

左八右八　　許又勻

稻江野色碧連天，氣爽天高岸荻延。坐眺蒼穹歌一曲，寄情朝野利民先。

左九右十五　　林正三

歲時又屆九秋天，縱眼江城意惘然。細雨斜風堤外路，繁華難復似當年。

右九左廿九　　林振盛

氣爽秋高望眼穿，江城碧宇月眉妍。豐年大有豪歌放，一畝加收稻數千。

左十右廿七　　謝玉卿

鋆峭波澄景色鮮，楓丹蘆白菊花妍。老來秋興同工部，國事蜩螗萬感牽。

右十左十八　　駱金榜

陽明山上望雲天，點綴秋光入畫妍。正美蒓鱸風味好，思鄉悵觸夜難眠。

光復祖例會十二月廿九日開於吉祥樓。値東：張添財、許文彬、張耀仁、趙松喬、李宗波、洪玉璋、賴添雲、吳裕仁、曾銘輝、黃鶴仁。

望鄉

左詞宗許漢卿
右詞宗王　前　先生選

左元右十五　曾銘輝

棲遲爲客幾星霜，身寄他鄉念故鄉。眼斷屯山雲漠漠，心縈瑪水路茫茫。
蒓鱸常繫思歸里，雁信頻傳待叩堂。怯上高樓生悵意，羈離無那最神傷。

右元左避　許漢卿

衣錦還鄉願屢空，白雲親舍夢魂中。登樓作賦悲王粲，旅夜書懷感杜公。
琴劍飄零傷去國，關山迢遞盼來鴻。家園北望生歸思，不盡蓴鱸繫客衷。

左眼右廿二　陳炳澤

少年十五別家鄉，湖海奔波勉自強。回憶庭隅栽桂郁，追思祖墓薦花香。
常懷梓里今成市，驚覺童頭已變霜。馳返鶯山舒老眼，窯煙繚繞景繁昌。

右眼左四　　蕭煥彩

極目蒼茫恨海天，歸鄉路阻夢魂牽。揮辭父老雙行淚，望斷雲山四十年。
北雁悲鳴蘆荻岸，南冠感嘆蓼莪篇。半生戎馬飄華髮，萬里詩心託杜鵑。

左花右五　　翁正雄

大屯山上暮雲橫，遙望神州路幾程。客次時縈楊柳思，鄉愁怕聽子規聲。
四方羈旅傷前別，萬里飄蓬嘆此生。佳節登高懷冀北，最難憑寄是離情。

右花左二十　　李春榮

收復幽燕困瀋陽，三軍入夜倍思鄉。江山歷劫寧無恙，國共爭鋒演鬩牆。
將佐灰心紛解甲，士曹失據有逃亡。至今退守蓬萊島，日對重洋寸斷腸。

右四左十　　駱金榜

久別家山憶故交，私情鉤起總難拋。登樓慨嘆追王粲，遊子行吟繼孟郊。
鳥近黃昏皆繞樹，人當歲暮定思巢。迢遙未見慈容貌，何日還鄉奠酒肴。

左五右十七　　葛佑民

渴別家園六十霜，關山迢遞路茫茫。投閒浪跡三丘地，入夢縈懷五畝桑。
欲效陶潛歸故里，誰知王粲悵殊疆。飄零過客憐孤影，萬里神州日月長。

左六　　蔡秋金

抱忠自具寸心丹，獨向蒼天發浩歎。故國情深冬日暖，他鄉夢落淡江寒。
身憐屈子沉湘水，志託嚴光寄釣灘。細雨斜風征客感，渾同李白望長安。

右六左九　　蘇心紘

羈身海嶠歷多時，風雨天涯苦可知。我欲歸兮歸未得，人方老矣老猶悲。
藍關雪擁征途阻，赤縣雲封魅影披。親眷仍存窮蹙裡，望鄉那不繫情絲。

左七右廿四　　陳麗華

天南作客已多憂，漂泊徒生萬里愁。目縱關山親舍杳，夢飛鄉梓白雲悠。
蹉跎異地嗟長滯，奮勵名場作遠遊。何日錦旋娛二老，休同王粲賦登樓。

右七左十一　　蘇逢時

天涯飄泊最消魂，悵望年年淚暗吞。歲月無情青鬢改，家山有恨赤霾存。
身居海島偷閒處，眼放枌榆認劫痕。倚檻徒傷親舍遠，何時歸隱夕陽村。

左八右避　　王前

孑然異地怕登樓，梧葉飄飄顧影愁。目極關山雲霧鎖，情牽故舊客心憂。
憑欄引領思猶切，隔海長懷望未休。莫道蓴鱸風味好，舉杯欲問又低頭。

右八左十三　　蔡秋金

大筆淋漓具性靈，窗前坐對一燈青。眼拋雲外心將碎，情寄江邊淚欲零。
東渡衣冠懷故國，南來風雨哭新亭。夜深斷續簫聲急，調自凄清不忍聽。

右九左廿三　　陳欽財

出生甫月隔高堂，過養乳兒不覺傷。弱冠方知多吉地，成年始悉有蘭陽。
明山旖旎田疇麗，秀水繽紛草木芳，滿眼熙和鯤島甲，纏身俗職夢縈鄉。

右十　　張慧民

半世瀛寰作寄萍，蒼顏白髮漸疏零。何時得看邱園景，一夕成真佝僂形。
燈下故交言舊事，枝頭杜宇泣秦庭。鄉心滿腹誰人曉，閱盡寒雲歲又經。

次唱：賞雪

左詞宗李春榮先生選
右詞宗翁正雄先生選

左元右十五　　駱金榜

合歡山上朔風吹，片片飛花六出奇。銀界三千樓十二，騷人得句入新詩。

右元左眼　吳裕仁

人登絕嶺立多時，玉屑飄來染鬢絲。頃刻峰巒頭點白，不知我亦老垂垂。

右眼左花　李宗波

登樓對雪懶吟詩，閒倚欄干不盡思。莫怪世人容易老，青山也有白頭時。

右花左八　李珮玉

喜聞瑞雪玉山披，闔府驅車上嶺嬉。只見鵝毛深一尺，濛濛天地數稱奇。

左四右十六　張添財

一去合歡山谷奇，銀花世界凍青枝。不驚潦倒風霜苦，趁此冬吟白雪詩。

右四左十　黃義君

合歡山上六花披，三白真如姑射肌。爲覩銀沙宣歲稔，人來未必盡嬉嬉。

左五右十八　張慧民

地處北迴四季宜，從來未見雪花姿。山川一夕皆飛白，確喜豐年萬物滋。

右五左七　張耀仁

一夜寒流醞釀之，登峰賞雪我來遲。瓊飛萬壑籠天下，瑞兆豐年應此時。

左六右廿七　許欽南
乍見銀峰六出奇，豐年有兆得先知。玉山瑞色鍾靈秀，喜看飛花絕世姿。

右六左十三　陳彩嬌
合歡飛絮月昇時，一嶺皚皚造化奇。照眼超清塵不染，六花呈瑞兆春祺。

右七左廿二　曾銘輝
梅上紛紛滿嶺陂，如銀兆瑞稔豐時。尋常海嶠無多見，樂得騷人競賦詩。

右八左十九　鄞　強
玉屑繽紛放眼時，何如詠絮月相宜。雪輸香氣梅輸白，賞合歡山景物奇。

左九　醉　佛
冰天雪地合歡披，擁擠人潮苦立錐。莫笑鬢絲梳更短，青山也有白頭時。

右九左廿三　陳欽財
玉山飛絮滿山奇，暢賞銀沙正及時。怒放心花圖景合，三陽瑞兆太平基。

右十左廿七　謝玉卿
繒鋪粉拂合歡窺，賞眺群車嶺道馳。堆絮撒鹽人盡樂，伊誰送炭濟貧飢。

九十二年度癸未

癸未花朝組，三月八日夏曆二月六日於吉祥樓餐廳，由社長黃寬和、副社長陳焙焜值東，招待杭州西溪吟苑來台交流吟友。未有課題。

左詞宗 駱金榜先生選
右 陳進雄

花誕迎賓

左元 蔡秋金

飛揚吟唱響穹蒼，金叵羅開酒味香。最是花辰逢此日，客來擕筆共傾觴。

右元左十 陳焙焜

花辰翰墨賀群芳，歡迓吟朋自浙杭。一詠一觴同一醉，獻詩互祝壽而康。

左眼右十九 許漢卿

瀛社花辰喜宴張，迎賓頌壽祝群芳。聽鶯撲蝶稱觴日，春色滿園吾道昌。

右眼左三十　陳麗卿
花辰客蒞自蘇杭，雅會賡詩萃吉祥。勝友相逢同暢飲，風流不讓謫仙狂。

左花　吳素娥
交遊兩岸賦騷章，瀛社西溪萃一堂。難得花辰雞黍約，樽傾北海醉何妨。

右花左廿六　洪玉璋
群芳生日迓朋忙，不獨花香酒亦香。文化交流歡此席，千秋盛事誌台杭。

左四右八　蕭煥彩
蓬萊二月好時光，詞賦交流李杜黃。如此良宵如此景，傾杯不遜在錢塘。

右四左十六　楊振福
花朝有客自蘇杭，倒屣迎門上吉祥。兩岸騷儔齊祝蝦，深期歲歲共桃觴。

左五右廿七　康濟時
花辰遠客共芬芳，喜迓杭騷萃吉祥。最是炎黃佳子弟，殷殷漫與絢詞章。

右五左廿八　洪淑珍
花朝鷗鷺賞群芳，瀛社桃筵慶吉祥。千里杭城來貴客，鏖詩百首共飛觴。

左六右二十　　黃天賜
有客遠來花正香，風流自古數蘇杭。疏才愧我欣同席，絕調何人獻百章。

右六左廿四　　翁正雄
西溪詩社盛名揚，二月迎賓獻玉章。爲壽花神兼迓客，春宵雅興引杯長。

左七右三十　　李珮玉
花心綻吐散春芳，喜迓鷗賓訪自杭。瀛社歡吟齊備宴，騷情交乳引杯長。

右七左十二　　張埴爐
花辰共賞百花香，鷗鷺桃筵醉一場。喜迓杭州詩友至，舉杯互祝壽而康。

左八右十三　　楊錦秀
騷朋恭迓壽筵張，兩岸交流翰墨香。花誕歡騰傾北海，重敦雅誼興飛揚。

左九右九　　張耀仁
百花生日綺筵香，詩酒聯歡醉一場。好是西湖來遠客，論交老我亦沾光。

右十左十四　　王　前
佳辰設帨壽筵張，客頌群芳墨有香。兩岸緣交文字契，元音共振漢聲揚。

清和組例會因「嚴重急性呼吸道症候群（sars）」厲疫，延至六月二十二日（農歷五月二十三）假吉祥樓餐廳舉開。值東：吳　玉、張埴爐、林彥助、許欽南、許哲雄、翁正雄、林正三、黃調森、蕭煥彩。

感　時

左詞宗李春榮　右詞宗陳焙焜先生選

左元右四　　洪玉璋

故鄉念切滯天涯，旅況淒涼老更悲。世局厭看龍虎鬥，人心易受利名移。鴉聲亂耳由來久，日影斜林任去遲。家國事憂惆悵甚，不堪重讀少陵詩。

右元左十四　　張耀仁

榴花盛放吉羊年，國事蜩螗感萬千。朝野爭權忘重擔，財經失策墜深淵。囂張立委當淘汰，憤怒公民勿醉眠。法治修明珍一票，全憑理智選能賢。

左眼右五　　駱金榜

三年薪膽已超過，風雨危樓感慨多。泛梗無家歸范蠡，悲歌有劍識荊軻。豈留綁票蒸民恨，正對貪贓敗類苛。經濟振興歡寶島，河清海晏起謳歌。

右眼左十　葛佑民

歷經興替幾寒霜，統獨相爭勢緊張。政客掀風民厭惡，病魔肆虐眾遭殃。
雄才大略初唐盛，庸碌無謀後漢亡。亂世乾坤誰扭轉，台灣奇蹟又輝煌。

左花右避　陳焙焜

捲風地震撼鯤洋，瘟疫傳來共恐惶。經濟蕭條民疾苦，治安敗壞盜猖狂。
政壇亂緒應調理，國會爭端必協商。世局令人多感慨，何時改革效虞唐。

右花左七　洪淑珍

邇來災禍襲鯤瀛，百業蕭條發怨聲。豈料煞瘟傳各地，多虧醫護救群生。
工商不利金融亂，府院難諧政策爭。冀望秉鈞籌大略，財經重振繼繁榮。

左四右十八　黃義君

祛憂自勵弭危胎，何懼猖狂煞士來。信有姬周規鼎盛，非無光武理蒿萊。
朵雲翳日奚云厄，片浪衝堤豈是災。朝野同心齊抗疫，青陽定見煦全台。

左五右十九　楊振福

災由九一一開端，旋即美伊交戟干。春末劫塵方落定，夏初瘟疫已彌漫。
天鈞有法收凶煞，世衛無情設柵欄。休爲被欺心意冷，全民萬里奮鵬翰。

左六右十六　蔣夢龍

年逢疫厲最堪悲，經濟蕭條百業虧。四黨常看龍虎鬥，全民受害膽肝疲。
人心思治由來久，世局難平且待時。鯤海茫茫惆悵甚，感時惟誦少陵詩。

右六左廿四　羅　尚

聯吟拂紙又研丹，聚首欣然酒盞寬。草草文章真自笑，花花世界喜同看。
都將百姓爲棋子，各散千金作釣竿。料得明年逢大選，有人含恨有言歡。

右七左廿九　李珮玉

頻來災劫禍台灣，此際何堪煞士頑。洪旱方離欣避厄，炎瘟忽現苦通關。
膺塡百感難爲解，國積千憂豈等閒。朝野一心舟共渡，得謀良策濟時難。

左八右十二　翁正雄

蓬萊四月疫情危，回首端陽吐句遲。信有丹心懷屈子，豈無良相起盧醫。
六街零落非常態，一市繁華復可期。掃去陰霾除煞盡，吉祥樓唱太平詩。

右八左二十　陳彩嬌

怪奇災禍不單行，接二連三未肯平。紐約高樓先著火，波斯古國後交兵。
憂心中煞人難救，眨眼歸仙鬼亦驚。何以近來多變故，莫非天怒責蒼生。

左九右十一　王　前

昏蒙世態感難支，政改財經待起衰。值此民生愁病日，更添煞士奪魂時。
人間未見神靈藥，國外何尋聖手醫。唯禱天心憐赤子，撥開雲路濟艱危。

右九左十　許漢卿

板蕩憂時感不禁，猶如杜甫發高吟。治安頻見偷淫眾，瘟疫流傳戒懼深。
政黨紛爭相訐短，財經困滯漸消沉。蜩螗國事無寧日，企盼祥和福祉臨。

右十左十一　林彥助

今為何世出妖猊，結黨營私事必詆。鼓惑民心增困擾，讒邪國計使沉迷。
議堂顛倒皆謾罵，媒體誇張免考稽。選票騙完多露相，爭權逐利忘蒸黎。

次唱：柳　風

左詞宗蘇逢時先生選
右詞宗許漢卿先生選

左元　洪淑珍

搖曳長隄翠色濃，微風飛絮豁心胸。涼生兩腋增吟興，數句拈來意萬重。

右元左花　　　　　　　　　　許欽南

柔條嫩葉共葱蘢，一樹依依綠蔭濃。頻送夷和風不息，人間吹遍豁心胸。

左眼右避　　　　　　　　　　許漢卿

柔條起舞態從容，吹面不寒暖意濃。灞岸醉朋休怨別，相期萬里玉關逢。

右眼左八　　　　　　　　　　楊振福

柳下涼陰綠意濃，清風習習豁心胸。卻來蟬噪添愁色，漢苑難眠夢幾重。

右花左五　　　　　　　　　　駱金榜

纖腰婀娜千條翠，細眼婆娑萬絮茸。縷縷情絲吹不斷，玉關再度展歡容。

左四右八　　　　　　　　　　翁正雄

纖腰善舞影重重，萬縷風情翠色濃。彭澤歸來詩境美，先生五柳不龍鍾。

右四左廿八　　　　　　　　　蕭煥彩

東風淡拂影千重，十里長堤翠色濃。吹縐一池干底事，牧童橫笛喜相從。

右五左廿三　　　　　　　　　黃調森

細腰搖曳態從容，風月樓臺無定蹤。翠密煙深征馬繫，離情客思待相逢。

左六右十三　蔣夢龍

江岸風飄萬縷濃，十圍遠簸蕩吟胸。葉舒暖日欣開眼，徙倚隋堤曳短筇。

右六　陳麗華

夾水含煙過暮冬，迷離柳絮印芳蹤。和風一動千條翠，惹得騷人鬥句濃。

左七右廿八　蘇心絃

煙籠碧岸影重重，搖曳長條攔短筇。自舞纖腰如送客，故人何處寄芳蹤。

左九右十九　蔡秋金

柳絮飛搖意更濃，因風留客拂高峰。遊絲莫怪猶牽恨，隋帝長堤杳定蹤。

右九左十六　林正三

綠楊堤外現芳蹤，節過清和意轉濃。拂動柔條似張緒，風流未改舊時容。

左十右廿二　李春榮

莫教陌上覓芳蹤。落絮天涯恨萬重。最是難忘曾一面，颼颼吹辨苦無從。

右十　陳麗卿

和風舒柳破寒冬，習習斜吹過客蹤。二十四番來有信，芳園拂遍百花穠。

端陽組例會七月六日開於吉祥樓，値東：林錦銘、陳炳澤、蘇心紘、黃義君、蘇逢時、張開龍、林振盛、許漢卿、陳麗華、洪淑珍。

流浪犬

左詞宗王　前先生選
右林正三

左元右十五　洪玉璋

靈獒遭棄食無糧，餓闖街頭怒目張。性發攻人凶似虎，心殘噬兔猛於狼。吠聲永夜安寧擾，行跡終年污穢藏。狗黨施閹晶片植，便尋飼主罰加強。

右元左九　許欽南

赤心耿耿不居功，守戶防偷稟性忠。歲老蹉跎形尚猛，力衰困頓氣猶雄。喪家吠破三更月，戀主聲悲五夜風。最是堪憐流浪犬，遭烹運命痛吾衷。

左眼右五　翁正雄

老夫識得小黃先，忠顧鄰家十數年。昔日承歡迎巷口，今朝遭棄浪江邊。犬真邋遢嗟如此，人假慈悲嘆枉然。寄語世間屠狗輩，羊頭酒肆莫高懸。

右眼左十七　張耀仁

結群流浪吠橋邊，野宿無家累百千。楚獷英名成舊史，韓猳美譽失新篇。
聞風亂竄妨晨讀，掠影狂奔擾夜眠。昔待如賓今棄養，搖頭擺尾有誰憐。

左花右十七　蕭煥彩

四處流離狀可憐，甚多染病或瘋顛。天寒吠影街燈下，夜靜舐殘餐館邊。
惟羨豪門人寵愛，怕淪野店肉烹煎。仁心良策何時見，不棄無違保育篇。

右花左廿二　陳麗卿

淪落街衢屢徙遷，餐風枵腹苦連連。不甘搖尾央人助，只好昂頭矢志堅。
救主至今餘美譽，喪家終日望團圓。非同功狗能溫飽，流浪生涯孰可憐。

左四右十六　陳麗華

六街飄泊已經年，挨餓時時孰可憐。搖尾乞求難獲食，垂頭只好自流涎。
徘徊恐遇屠獒輩，躑躅祈逢愛犬緣。安夜有功希莫棄，收留飼養善心傳。

右四左六　蔣夢龍

街衢流浪最堪憐，無主能歸到處眠。擺尾搖頭時受困，飢腸餓肚日相煎。
三臺怪象譏評甚，萬國觀瞻笑話傳。奉勸飼家毋缺德，有終有始福綿綿。

左五右八　　郭明陽

街頭流浪苦生涯，挨餓天天自怨嗟。搖尾乞憐難覓食，垂頭只好學餐霞。
偷生恐怕屠獒輩，企盼遭逢愛犬家。切莫經過香肉店，殺身厄近臆無差。

右六左避　　王　前

誰家寵物棄橋頭，長日饑寒吠不休。冒雨沿街忙覓食，餐風宿露守邊陬。
惘然屋角淒涼樣，錯落人間浪蕩遊。雞犬昇天原有種，命宮定數怨何由。

左七右十八　　林麗珠

飼家愛弛棄街頭，流落城鄉引眾憂。露宿風餐犯人畜，混身髒臭任驅囚。
播傳疫病遭凌辱，妨礙交通惹禍仇。義犬至忠何罪有，嚴懲狗主斷根由。

右七左十二　　蘇逢時

靈獒成黨喪家門，流浪街頭到處奔。親跖由來因認主，吠堯故事不知尊。
無端放棄心何忍，任意摧殘淚暗吞。動物猶應該擁護，人情冷暖費評論。

左八右廿三　　林振盛

流浪街頭巷尾爬，三餐難飽嘆無家。主人遺棄何心忍？環保清除惡力加。
有處安居身可貴，若承寵愛命稱嘉。應知宿世成因果，六道輪迴絕不差。

右九左十九　黃調森

一生忠主看家欣，竟爾遭欺棄飼紛。失寵豈能無痛惜，當紅安得不溫勤。
那堪屋角眠星夜，流落街頭驚曙曛。保育人人應有責，仁心關愛犬兒群。

左十右十一　蘇心紘

看門守夜獸中英，流浪街頭孰造成。飼主慌忙原失察，管家大意亦忘情。
交通阻礙招人怨，環境沾污惹客驚。警伯圍抓無怠懈，啣噹入殼一屍橫。

右十左十八　林彥助

獸中惟犬最輸誠，護主恭聆令必行。狩獵奔衝皆勇猛，看家盡責獨忠貞。
珍時憐抱多親昵，棄即抛離任死生。流落街頭窮邋遢，饑號羸病孰同情。

次唱：公　投

左詞宗蔣孟樑
右　　洪玉璋　先生選

左元右花　許欽南

不分黨派不循私，向背民心總未知。一例公投堪作主，邦家大計莫遲疑。

右元左十七
攸關國政眾分歧，導入公投扁策宜。撻伐議壇終偃鼓，依歸民意計堪施。
陳麗卿

左眼右四
朝野公投攜手推，黔黎碌碌總難知。議題宣導須明確，自主民權共惜之。
林麗珠

右眼左十九
財經凋敝勢將危，治國無方是禍基。促進公投雖至善，難求政客不循私。
林正三

左花右十
台灣自主立根基，舉辦公投不用疑。國格光明開盛世，人權法治共扶持。
張耀仁

左四右八
政黨爭權亂設施，財經凋敝百行疲。興邦應以民為主，眾意明投最適時。
林彥助

右五左十一
展現宏觀德政施，維揚仁愛共扶危，為公天下公投制，拯救台灣趁此時。
鄞　強

左五右十三
核四公投訴此時，群情泰半認相宜。去留有待先民調，眾志成城利可期。
蘇心紘

左六右九　許漢卿

直接民權自治持，公投複決法堪施。邦家大事憑人意，票選依歸信不欺。

右六左避　蔣夢龍

民主潮流眾所期，公投公決正其時。豈驚對岸頻施壓，立法權衡奠國基。

左七右廿二　翁正雄

政治清明不自私，公投將辦合時宜。核能電廠應興建，產業提昇定可期。

右七左廿二　李宗波

於今主政要公推，注重民權在實施。里長票投連總統，賢才至竟豈能移。

左八右十五　林振盛

核四公投已久吹，於今朝野協商宜。主權定奪歸民意，萬眾同心護國基。

左九右廿一　蘇逢時

民權行使志無移，一票能教定國基。大事公投當務急，光明正道漢威儀。

左十右避　洪玉璋

朝野公投法待施，人人響應樂忘疲。手中一票真神聖，自決由民護國基。

觀蓮組例會八月三十日開於吉祥樓餐廳。值東：王　前、蔣孟樑、陳欽財、林麗珠、黃國雄、張明萊、鄭水同、林春煌、蔡柏棟。

花蓮選戰有感

左詞宗 翁正雄
右　　林正三 先生選

左元右眼　陳麗華

花蓮逐鹿起三雄，旗幟鮮明戰火紅。游謝爭鋒情最烈，綠藍對決勢如虹。
孤軍下跪終難勝，兩黨提名竟奏功。只望賢能登縣座，深期民主淨歪風。

右元左十九　陳炳澤

擇良執政促邦興，派系和諧福祉增。懇懇高呼防賄賂，頻頻回應反欺凌。
爭權奪利招家毀，霸業營私致國崩。奉勸忠心謀社稷，仁人不黨選賢能。

左眼右十六　葛佑民

花蓮補選鬧烘烘，各路英豪競逐中。部長轟轟查賄客，原民怕怕殺豬公。
藍營順勢欣成局，綠陣翻盤總落空。大位相爭前哨戰，人心向背力無窮。

左花右廿二　蔡秋金

爭奪元良第一關，先鋒功蓋凱歌還。高才聲望秋時榜，羅腹樞機海底珊。
助選堪羞陳水扁，票源齊擁謝深山。五丁開出蠶叢路，何患興師蜀道艱。

右花左十五　蔣夢龍

逐鹿東臺看未明，烽煙遍野互攻訐。綠旗滿地騰豪氣，藍幟飄空動激情。
一縣之爭勞總統，萬民無奈作傭兵。勸君選票應珍惜，投與賢能發正聲。

左四右七　蘇心紘

蓮縣爭鋒達五人，游吳飲恨竟蒙塵。站崗查賄摧成果，買票加溫肇敗因。
黎庶反彈難遂願，官員打壓更傷仁。明年大選持公道，再起東山必有鄰。

右四左避　翁正雄

縣官補選紀洄瀾，回首詩吟感萬端。鼎足三雄誰出線，揚眉一捷謝開盤。
原鄉信有神豬奉，賢令欣無老驥歎。打造後山宏教化，觀光客湧樂盤桓。

左五右五　蕭焕彩

花縣三雄大拚場，賄聲賄影早傳揚。站崗路檢全天候，佈線樁除四面防。
爭說提昇原部落，漫言打造好城鄉。兵家勝敗尋常事，選後相容國運昌。

左六右十九　張耀仁

惡鬥愚民兩黨同，花蓮選戰鬧烘烘。官常敗壞災無限，媒體沉淪禍靡窮。
乏水難求春草綠，依山易賞夕陽紅。金權復辟蒼生苦，政制維新國運隆。

右六左十三　黃義君

花蓮補選震全台，大位爭先費測猜。固票綠藍皆使力，拔樁朝野各輸財。
禁屠怎禁酬神酒，攔路難攔著履苔。問孰明年膺總統，後山報有戰情來。

左七右廿一　李宗波

花蓮選舉本同般，至竟愚民已改刪。顏面盡羞陳水扁，聲名卻震謝深山。
和吳拒魏從諸葛，拉票尋盟克萬艱。股價沉淪多失業，用心何忍看台灣。

左八右十二　王　前

縣宰迴瀾寶座空，三強鼎峙各爭雄。旌旗蔽日人情送，戰鼓揚塵口水攻。
大放利多爭選票，濫支財助導歪風。一朝勝敗明分後，檢討傍批此論功。

右八左九　陳彩嬌

補選花蓮縣老爺，群賢會戰奪烏紗。藍營歷世千樁固，綠陣凌空一幟斜。
叱吒風雲君躁急，嚴求里巷眾紛譁。前車覆轍後車戒，志在通天興漢家。

右九左十八　　洪淑珍

五雄花邑縣侯爭，朝野動員娘子兵。可惜好山成口水，竟藏亂象震臺瀛。
傳媒言論民心惑，查賄機關理氣明。莫謂檢官忘職分，選風流弊幾時清。

左十右十五　　張壇爐

縣長爭雄花樣多，宣傳政見又高歌。鑲牙費用將全免，頭目薪津加網羅。
綠陣游君元首挺，藍營謝氏選民和。洄瀾人傑賢能出，支票多開又奈何。

右十左十七　　許欽南

花蓮補選啓深思，勝敗原因早肇基。推出才華孚眾望，莫教賄賂惹人疑。
爲群造福仁風拂，施政持公德蔭垂。一葉知秋當警惕，民心向背是良師。

次唱：敬悼黃社長

左詞宗張耀仁先生選
右　許欽南

左元右廿一　　陳彩嬌

驚聞社長返仙鄉，學海沉珠映夕陽。三載領盟功顯赫，遺文千古化龍驤。

右元左九

社長才華海國揚，一朝化鶴最堪傷。廣陵逸韻成遺響，追悼宗師欲斷腸。

蔣夢龍

左眼右十三

北斗星沉海一方，獨遺三絕發其皇。雲煙世事空風月，淚灑詩襟感嘆長。

楊振福

右眼左十三

波老歸真足可傷，詞壇管領豈尋常。盟鷗灑淚空惆悵，合向靈前奠一觴。

蘇逢時

左花右十九

突變風雲失棟樑，倍增詩友共悲傷。今朝反璞歸真去，三絕長留四處揚。

李珮玉

右花左十五

一代宗師百代揚，追思社長駕仙鄉。詩書名畫傳千古，弔唁人來最感傷。

楊錦秀

左四右廿五

晴天霹靂最哀傷，舉止行儀史冊芳。無首群龍齊悵惘，文章待看出中樑。

黃調森

右四左廿七

傳流書畫姓名揚，瀛社哀思哭失黃。夢醒繁華痛歸去，無端騎鶴上仙鄉。

蔡秋金

左五右二十　王　前

三絕才華姓氏揚，忽傳訃訊我心傷。從茲解惑憑誰問，社長高風感念長。

左六右十　林正三

藝精李杜並倪黃，長社乍經三載長。欲振斯文終不起，驚聞噩耗刺吟腸。

右六左廿三　黃義君

傳來社長返仙鄉，吊唁祇餘兩眼汪。壇坫原期多領導，詎知卻病竟無方。

左七右十六　陳欽財

黃公藝績媲三王，韜略胸懷道益彰。今日乘風登極樂，騷人灑淚悼文章。

右七左十九　李天香

詩書畫藝震東洋，一代宗師痛失亡。瀛社群儒同灑淚，功存文教永難忘。

左八右避　許欽南

藝林行腳豈尋常，詩畫無雙翰墨香。絕似王維堪作範，波公驟逝斷肝腸。

右八左廿五　葛佑民

聞名中日盛名揚，瀛社傳薪麗藻芳。噩耗如雷悲灑淚，詩翁文德永難忘。

右九左二十　　洪淑珍

一代文星墜羽鄉，騷壇聞耗劇悲傷。緬懷三絕光風月，典範永存難以忘。

左十右十二　　張埍爐

繪畫宗師世仰揚，三千桃李遍城鄉。今朝社長歸天去，悼念慈顏永不忘。

中秋組例會十月二十六日開於吉祥樓餐廳。值東：葛佑民、駱金榜、楊振福、蔡秋金、鄞強、黃天賜、許又勻、陳麗卿、李珮玉、陳賢儒。

江城秋望

左詞宗羅尚
右　　許漢卿先生選

左元右十四　　陳焙焜

遶城波浪麗江天，載酒磯頭效謫仙。放眼丹楓吟岸上，賞心黃菊醉籬邊。橫秋雁影千山過，噪晚鴉聲數里傳。又見歸舟浮落日，盡收佳景入詩篇。

右元左五　王　前

持螯把酒上層樓，俯瞰溪山萬里秋。拄杖眼看屯嶺靜，憑欄筆寫稻江幽。
雲遮遠浦聽濤壯，風送寒潮拍岸悠。一雁橫飛拖落日，漫天星斗引鄉愁。

左二右廿二　林正三

西風勸客賦登樓，十里江城正暮秋。傑厦新從天際出，餘霞漸向渚邊收。
乾坤放眼千棋局，歲序催人萬火牛。慘澹龍蛇鬥朝野，吾民何計釋幽憂。

右二左七　張添財

四野商聲響不休，詩情畫意兩悠悠。雲中雁渡觀音嶺，汀上蘋飛和尙洲。
鷗鷺忘機敦雅客，蓴鱸入夢惹鄉愁。江城移步高樓望，霞現屯山紅葉秋。

左三右十一　翁正雄

登樓把酒菊花天，極目屯山起暮煙。塞雁高飛秋水上，寒蟬淒咽柳堤邊。
楓丹蘆白殘荷美，雲薄風清落日妍。佇望郊原禾黍熟，豳風詩頌樂陶然。

右三左六　洪玉璋

白蘋紅蓼淡江秋，遠思離人獨上樓。目瞪斜陽偏墜淚，耳聞落木更添愁。
排空雁過迷寒浦，隱霧帆歸漲晚流。一片蒼茫無限感，故園不見路悠悠。

左四右廿三　　蘇逢時

照水樓台映碧空，江城不與去時同。寄踪海島吟潘老，放眼鄉關慨杜公。
騷意淡分籬下菊，醉眸凝望港邊楓。落霞孤鶩斜陽外，粧點秋容付畫工。

右四左十四　　黃義君

江城九月肅霜天，幾許秋光入望妍。迸雨枯荷雖鬱鬱，迎風翠竹卻翩翩。
庭階梧墜炎威杳，屋角蛩鳴爽氣旋。蘆白楓紅黃菊雅，欣將悅目付吟箋。

右五左廿七　　陳麗卿

江城光景正澄鮮，秋色無垠耀眼前。疊疊峰巒迎日媚，離離禾黍舞風顛。
一行白鷺霜中挺，萬頃金波月下妍。慾海浮沉人易老，何妨遊衍學神仙。

右六左廿八　　蕭煥彩

淡江環繞北城州，雁鴨群來狎鷺鷗。關渡橋橫平野闊，觀音山峙碧雲悠。
荷殘木落添商意，蟬咽蛩吟動客愁。騁目抒懷秋氣爽，迎風嘯傲勝王侯。

右七左十六　　鄞　強

披拂金風俗慮刪，迎眸逸景賦清閒。斜陽雁掠觀音嶺，破浪舟行淡水灣。
楓染霞煙枝落葉，梅凝白雪蕊開顏。稻江城外饒佳境，遠眺嵐光遍草山。

左八右廿四　李宗波

神仙自古駐蓬萊，那管經年鬢髮皚。誰憫秋隨蟬韻寂，可堪寒逐雁聲來。
人醒大夢鄉心遠，眼放江城客思迴。落日西風龍戰野，相爭統獨最悲哀。

右八左十八　駱金榜

金風送爽稻江津，萬里秋光透北辰。佇立屯峯雲入岫，凝眸淡海浪翻銀。
陶潛愛菊情猶切，張翰思鱸興倍親。極目天涯蕭瑟感，台瀛西望最傷神。

左九右廿七　洪淑珍

楓醉江城秋意臻，片帆輕送水粼粼。樓頭翹望天容淨，籬下徘徊菊味親。
紛亂廟堂何日靖，繁華市井幾時振。碧波掩映思潮起，雁字書空景動人。

右九左十五　許欽南

金風一起暑全收，望遠登高上小樓。塵市幾番驚聚蟻，人生空自嘆浮蝣。
月明屯嶺花仍發，日落基河水漫流。台北古城何處是，草山山樹任春秋。

左十右十七　陳彩嬌

望遠秋高兩鬢華，一年容易斗西斜。江城氣冷啼征雁，壇坫槐疏聽亂鴉。
歷遍風霜堪杖國，愁纏肺腑怎忘家。雲煙過眼飛何處，是否歸真入紫霞。

右十左十一　蔣夢龍

稻江秋色美無邊，徙倚登高俗慮蠲。淡海蒼茫收眼底，城樓壯概入詩篇。
三台雨露多松菊，兩岸風雲動海天。且看聖賢調鼎鼐，狂瀾倒挽靖塵煙。

次唱：秋郊拾句

左詞宗蔣夢龍先生選
右詞宗翁正雄先生選

左元　黃調森

探景尋詩明壯志，開懷無酒苦吟身。卻緣殘菊連楓葉，霞絢飄丹襯白蘋。

右元左三十　張垣爐

金風萬里氣清新，信步尋詩往返頻。寫罷晴郊諸勝景，老來快樂似仙神。

左眼右七　許漢卿

霜鬢騷懷日陋貧，秋來覓句踏郊頻。情同杜老生吟興，洗卻胸中萬斛塵。

右眼左廿八　許又勻

丹楓遍嶺滿山伸，落葉飄零自隱身。拾得三枚題雋句，長存書匱永懷珍。

左花右十五　王　前

黃花鋪徑起香塵，緩步西郊載酒頻。遙眺雲山閒拄杖，拈來佳句最情真。

右花左十六　洪玉璋

霜野楓紅色染勻，引來吟侶鬥尖新。老夫自笑無佳句，今日能詩有幾人。

左四右八　葛佑民

踏遍郊原曳杖頻，興尋佳句趁霜辰。奚囊貯滿渾忘返，卻喜當頭月色新。

右四左十五　黃天賜

丹楓城外好秋辰，漫步尋幽探句新。忽見花叢飛彩蝶，此時疑似又臨春。

左五右五　黃義君

孤村小徑肅霜晨，楓葉黃花具有神。撿入奚囊供琢句，逡巡不去是詩人。

左六　蘇心絃

秋高氣爽健吟身，草嶺尋詩景色新。夕照殘霞皆可拾，金風習習足怡神。

右六左十四　曾銘輝

西風颯颯雁南巡，菊豔籬邊待故人。相訴相傾秋野好，鑿詩盡寫性情真。

左七右十一　陳麗卿

秋晴光景一番新，菊展郊坰勁有神。覓得佳章酬故友，清姿顛倒愛花人。

左八右十二　陳麗華

野色青黃倍養神，秋郊錦秀最宜人。染雲裁句豪情在，拾得楓詩格外珍。

左九右三十　蔡秋金

三更燈火月光新，欲寫新詞最苦辛。句滿秋郊更難捨，不知誰是正詩人。

右九左避　蔣夢龍

氣爽郊原不染塵，滿園籬菊最天真。秋花媲美春花艷，醉倒芳叢劫後身。

左十右避　翁正雄

吟秋覓句步江濱，雁鴨群來鷗鷺親。遠眺郊原禾黍熟，豳風詩韻爽吟身。

右十　林麗珠

秋徑深幽隔俗塵，楓紅蘆白景翻新。林間鳥雀如相識，直唱清歌迓我人。

光復例會，十二月二十一日（農曆十一月二十八）開於吉祥樓餐廳。值東：張添財、許文彬、張耀仁、趙松喬、李宗波、洪玉璋、賴添雲、吳裕仁、曾銘輝、黃鶴仁、康濟時。

閒餘談詩

左詞宗陳焙焜
右　　蘇逢時先生選

左元右四　　蔣夢龍

閒來無事欲何之，三五吟朋小聚時。爐火正溫欣促膝，湯茶慢品喜揚眉。蘇黃麗句勤斟酌，李杜雄文探偉奇。太息騷風衰颯甚，天聲共振費深思。

右元左廿五　　洪玉璋

每逢公假或私休，邀友江城樂唱酬。赴會晨經承德路，論文夜飲吉祥樓。興來思壯風雲幻，話到情高意氣投。吾輩切磋鞭共策，遺懷述志史編修。

左眼右七　　蘇心絃

老來日日不忘詩，酒後茶餘互論之。幸有騷人風雅趣，卻無俗子鄙夷詞。胸懷淡淡王維好，氣魄昂昂李白奇。吟到梅花香入髓，神魂顛倒竟如癡。

右眼左十三　　許哲雄
靜中無事臥吟床，騷客悠哉話楚狂。論古評今皆妙句，言天語地儘瑤章。
看雲忽覺文瀾闊，遣興休嗟世態涼。若說隨風能唾玉，咸尊杜李冠三唐。

左花右八　　黃義君
輔砭針揚耀四維，偷來半日好談詩。吟安一字憂翻喜，撚斷三髭樂轉悲。
草綠池邊勾綺想，馬鳴塞外引遐思。陽春白雪高山水，華妙精深李杜知。

右花左十五　　李宗波
黃茅白葦史堪評，自古名家句法清。忙裡猶吟袁蔣趙，閒餘共論宋元明。
能工創就如天籟，大筆雄揮擲地聲。莫爲作詩還草草，細心奇警在求精。

左四　　曾銘輝
字城誰謂濫歡愁，扢雅揚清志未休。盡寫性靈存六義，漫將風月誤千秋。
探驪掇句成珠玉，吐鳳聯篇貫斗牛。閒歎騷壇藏賊盜，詩心醒世總難求。

左五右六　　洪淑珍
閒來小聚契苔岑，語到詩詞興味深。造句抒情遵律法，采風攬勝豁胸襟。
雄渾曠達多言志，雅趣天成最賞心。省識斯文偏廢久，欲恢國粹藉元音。

右五左九　許欽南

退休頤養慕風流，耕種詩田夙願酬。酣詠恬吟欣絕妙，長斟漫改賴精修。
苦求工古宵何短，奮覓清新意更遒。反復推敲無限樂，怡情陶性可忘憂。

左六右十一　陳彩嬌

滄桑冷暖任推移，不爲榮枯蹙兩眉。聚會三餘開話匣，閒談六義舉詩巵。
歸田隱逸崇元亮，並轡推敲讚退之。傲世天聲源泗水，風流百代至鯤湄。

左七右十九　楊振福

葩經句妙好吟哦，偶爾邀朋共揣摩。聚會三餘研格律，偷閒半日綴詩歌。
西窗剪燭情尤爽，北海傾樽話更多。志在鯤瀛聯雅士，發揚天韻整山河。

左八右十　翁正雄

閒餘把酒會騷翁，詞賦千家論不窮。髮白感時懷杜聖，菊黃寄傲慕陶公。
停雲一首功名淡，秋興八章聲律工。歲暮高情多雅趣，言詩獨愛晉唐風。

右九左十七　蕭煥彩

閒來無事小神仙，把盞言詩會俊賢。雅愛美人傷濁世，情悲錦瑟憶華年。
暢談聲律詞章雋，泛論文才品德先。寄傲東籬還望嶽，眾山一覽賦陶然。

左十右廿五　　張耀仁

每誦情長李杜詩，聽來韻協仄平宜。傳揚文化山河讚，描繪心聲日月知。

焙老騷壇尊祭酒，斯庵鯤島樹吟旗。閒談學賦求新意，句出驚人筆一枝。

次唱：搓圓夜　　左詞宗王前先生選
右詞宗洪淑珍

左元右七　　甄寶玉

北風凜烈歲蕭條，陰極陽生待翌朝。此夜合家搓玉粒，年豐國盛凍全消。

右元　　黃義君

濾漿揉粿付阿嬌，搓得如珠累盡銷。預見明晨團聚樂，奴家轉怨夜迢迢。

左眼右十三　　陳焙焜

細磨糯米紀明朝，雙掌搓來樂此宵。佳節團圓兒女笑，合家祭祖最逍遙。

右眼左十一　林振盛
料知冬至在明朝，雙手搓圓忙一宵。祭祖怡親良俗繼，家常團聚樂逍遙。

左花右廿三　蕭煥彩
冬至搓圓老少邀，一家團聚度良宵。圍爐煮茗人添壽，窗外寒梅月色饒。

右花左十　楊振福
夜雖寒冷氣氛嬌，滿笊金銀兆富饒。全是愛妻搓粒粒，增多一歲待明朝。

左四右廿二　陳炳澤
廚房哄笑喜聲飆，童叟搓圓盡折腰。一載辛勤迎碩果，團圞互慶樂今宵。

右四左五　林正三
葭灰欲動待明朝，援例搓丸度此宵。長至團圞洵至樂，老夫佳興筆堪描。

右五左廿四　陳彩嬌
緹室飛灰氣寂寥，寒流來襲夜迢迢。全家笑語昇溫度，圍桌搓圓燭影嬌。

左六右十一　蘇心紘
搓圓兒女笑連宵，冬至陽生破寂寥。終歲感懷人事變，深祈朝政邁唐堯。

右六左廿一　林麗珠

狂風摧木葉枯凋，寒夜人家錦焰挑。圍桌搓圓迓冬至，猶懷一子隔天遙。

左七右廿一　許又匀

宵長晝短北風嚻，此夜搓圓蠟燭燒。欣喜陽生陰極盡，舉家祭祖待明朝。

左八右十七　陳麗華

融風報信在今宵，喜待陽生興倍饒。祭祖老童團一室，搓圓趣味筆難描。

右八左十五　李珮玉

此夜寒風拂柳條，搓圓備祀在今宵。明朝冬至人團聚，同醉佳餚不寂寥。

左九右十六　許欽南

冬節搓丸欣此夜，粉紅嫩白掌中調。一陽復至情何逸，老少團圓萬慮消。

右九左廿二　陳欽財

欣迎冬至燦燈挑，齊力搓圓趁此宵。粒粒晶瑩塵不染，天倫樂事最逍遙。

右十左廿五　曾銘輝

雙手搓丸趁此宵，迎冬佳食吉祥饒。喜沾圓滿全家樂，祈福酬神鼎鼐調。

詩鐘：吉祥•一唱

詞宗林正三先生選

元　翁正雄

吉事詩題華錦貴。祥樓酒飲玉壺清。

眼　陳焙焜

吉占龍榜金花插。祥兆鴻圖白馬歸。

花　邱進丁

吉事常臨匡百順。祥雲永駐集三多。

肆　蘇逢時

吉氣氤氳灰已動。祥煙燦爛晷初長。

伍　洪玉璋

吉日登樓龍虎會。祥雲繞座鷺鷗親。

陸

吉地鑾詩欣會友。祥樓慶宴樂稱觴。

許漢卿

柒

吉辰看月隨笻度。祥日尋花信筆題。

甄寶玉

捌

吉日曉風楊柳岸。祥雲微雨杏花天。

許欽南

玖

吉日當邀瀛社侶。祥雲永遶李家莊。

許哲雄

拾

吉星高照無憂士。祥閣長迎悟道人。

許又勻

九十三年度甲申

甲申花朝例會，三月七日（農二月十七）於吉祥樓餐廳。值東：陳焙焜、翁正雄、林正三。

左詞宗 羅尚先生選
右詞宗 李舒揚先生選

漢光武帝

左元　張耀仁

昆陽一戰定江山，破賊王師慶凱還。敘舊欣留子陵宿，鍾情博得麗華攀。雲臺甲帳埋塵裡，翰苑文章蓋世間。好是中興恢漢祚，賢君盛舉史斑斑。

右元左十八　陳賢儒

一自西亡國號東，王朝建業洛陽中。莽平仁治河山德，邦復儒修竹帛功。寇匪豈容眉染赤，賊兵盡掃馬披銅。千秋史筆歌光武，大節長徵後漢風。

左眼右廿四　　陳焙焜

誓師伐莽戰昆陽，討逆功爭日月光。眾寇潛尊皆掃蕩，群雄佐命競劻勷。
赤眉降後氛將靖，銅馬平時勢益張。漢室中興登正位，雲臺諸將共流芳。

右眼左六　　李宗波

一戰昆陽舉世驚，昏昏塵局尚紛爭。赤眉掃後歸神器，白水生來復帝京。
劉秀雄圖纔滅莽，隗囂強寇敗於兵。將星廿八相扶助，漢室中興史著名。

左花　　簡華祥

九穗嘉禾兆已奇，昂藏氣度見威儀。金吾仕宦懷高志，銅馬君王立帝基。
恩佈雲台圖將相，情殷臥榻共尊卑。興劉誅逆功勳偉，長使騷人賦頌詩。

右花　　陳麗卿

真龍崛起霸圖巍，鏖戰昆陽奏凱歸。滅莽壯猷延俊傑，經邦偉略播聲威。
輕刑減賦民心奮，偃武修文帝德輝。漢室重光揚祖業，莫嗤聖主屈身微。

左四　　連嚴素月

器宇非凡譽望隆，泱泱大度顯仁風。潛耕白水胸懷壯，大捷昆陽意氣雄。
殄滅新朝誅逆賊，中興漢室建奇功。多情共榻尊高士，帝範長垂萬古崇。

右四　　　　　　　　　　洪澤南

莽朝紛亂倍於秦，受命中興宿志伸。仕宦寧甘爲小吏，娶妻終不負佳人。
投戈息馬科條簡，講藝明經賞賜頻。最是居高彰氣節，民風丕變奮儒臣。

左五右三十　　　　　　　許欽南

麥穗雙歧樂歲豐，昆陽雷雨助成功。笑迎朱鮪爲降將，忍使嚴光作釣翁。
苛政清除圖郅治，威儀恢復罷兵戎。中興漢主劉文叔，再造河山有祖風。

右五左十九　　　　　　　翁正雄

劉秀生逢世亂時，承天膺命拯飢危。偕兄起義平青犢，得眾揮戈破赤眉。
銅馬帝心能置腹，元龍將略不謀皮。中興漢室修文武，一代明君史冊垂。

右六左七　　　　　　　　駱金榜

莽室奸鋤十八庚。真人崛起出奇兵。中興重建群黎福，苛政清除百世榮。
洛邑繼承高祖業，昆陽重振漢家聲。河山再造王師復，聖主酬功慶太平。

右七　　　　　　　　　　蔡秋金

漢祚中興樹大猷，昆陽一破莽軍休。真人記取收銅馬，賢相曾經運木牛。
白水英明原出蔡，赤眉盜寇滅於劉。心留文學尊高節，天下昇平政績優。

左八　　張埴爐

劉邦建業霸圖維，王莽稱新篡國基。光武還都興漢祚，洛陽定邑逐蠻夷。
赤眉討伐豐功立，銅馬征平德政施。奮勇三軍呈偉績，雲台健將譽聲馳。

右八　　蘇心紘

中興漢室奠鴻基，文景遺徽霸業垂。胡虜西戎終掃蕩，蠻夷北狄盡推移。
武功彪炳千秋頌，善政分明萬世師。四百年經延國祚，同心一德仰施爲。

左九右十八　　洪淑珍

雄師一舉破昆陽，伐莽誅奸漢室匡。偃武崇文安社稷，招賢脩治振朝綱。
仁風遍布河山秀，威望長侔日月光。帝業恢宏昭火德，中興國祚紹虞唐。

右九　　陳碧霞

勁旅舂陵起義宣，昆陽捷報靖烽煙。精明劉秀威儀顯，知己嚴光輔佐虔。
偃武修文施火德，崇儒重信效先賢。齊家治國剛柔並，皇漢中興萬古傳。

左十右十五　　蔡業成

兵起舂陵漢幟張，旗開得勝戰昆陽。弔民伐罪殲新莽，復國中興紹少康。
偃武酬神封泰岱，修文治世策賢良。信都城上論天下，一展輿圖海宇光。

右十左廿九　陳彩嬌
躍馬揮軍劍耀芒，替天行道搗昆陽。雪仇誅莽山河復，仗義扶玄氣節昂。
才覓子陵賢入閣，謚追光武德流芳。生平郅治垂青史，一代英豪大漢皇。

次唱：春神　左詞宗簡華祥先生選
右　鄞強

左元右十三　李春榮
一年好景仰東皇，錦繡其懷抱眾芳。長願司春延職守，江山永沐美風光。

右元左三十　許漢卿
造化真神肇吉祥，君臨大地氣靈彰。東皇法雨群生潤，萬物昭蘇錦繡香。

左眼右十八　邱進丁
迎神二月壽群芳，蝶舞蜂飛杏李香。雅集祥樓詩客醉，人間到處頌東皇。

右眼左十八　陳欽財
洪鈞輪轉接東皇，佈澤欣欣社稷昌。喜看申年和樂事，瀛洲郅治喜洋洋。

左花右十九　　洪澤南
近水遙山忽轉蒼，孰令天地換新粧。流連豔冶知行腳，踏遍東寧一季香。

右花左五　　蔣夢龍
喜迎青帝駕鯤洋，海國逢春百萼香。瀛社騷翁生妙筆，稻江煙景入詩囊。

左四右十七　　蔡業成
司春仙子巧梳粧，紅遍郊原綠滿岡。引得上林鶯百囀，群花競艷蝶蜂狂。

右四左七　　洪玉璋
東郊獻果迓東皇，不獨花香酒亦香。我更虔誠頻禱告，家安國泰壽而康。

左六右六　　王　前
塵埃淨盡更焚香，爲接東君酒百觴。大地春臨開景運，鶯爭暖樹兆邦昌。

右七左九　　連嚴素月
無形無狀自昂藏，覆育乾坤萬物昌。眼底韶華憑肇造，騷人妙筆賦新章。

左八右三十　　陳焙焜
鮮花清果迓東皇，庇祐騷人福壽長。歲歲豐收銘帝德，中興國祚兆民強。

右八左十九

化育功超大法王，尊神頌德世稱揚。乾坤似藉天孫織，錦繡江山草木香。

林麗玉

右九

青帝司權護眾芳，韶華駘蕩一春長。如甦經濟邦家福，樂祝昇平醉滿觴。

張耀仁

左十

東君駐馬百花忙，一夜蓬瀛盡彩粧。爭炫爭奇爭得睞，真如時世競新王。

康濟時

右十左十五

盡收殘臘蛻冰霜，端賴神通大法王。萬里河山添錦繡，功超縮地費長房。

陳賢儒

詩鐘：花月•二唱

詞宗蔡秋金先生選

元

繁花合織三春錦，淡月孤懸一夜燈。

洪澤南

眼

百花季節捎春信，盈月時分憶故人。

李珮玉

花

生花妙筆雲煙起，醉月吟詩氣概雄。

蔣夢龍

五

生花入夢江淹筆，對月思家杜甫詩。

蔡業成

六

山月遙看今夜白，桃花又見去年紅。

王　前

七

歲月能延長壽樂，燈花應爲好辰開。

駱金榜

八

秋月光涵千里影，春花艷放一庭香。

張耀仁

九

明月樓頭人獨倚，桃花塢上燕雙飛。

翁正雄

十

憐花自有芝蘭氣，詠月寧無圓缺情。

李宗波

清和組例會五月三十日於吉祥樓。值東：張瑄爐、林彥助、許欽南、許哲雄、蕭煥彩、洪世謀、游振鏗、張民選、康濟時、邱進丁。

臺北竹枝詞（觀光夜市）

詞宗王　前先生選

元　陳麗華

蛇湯鱉肉引人來，艋舺繁華夜店開。多少老饕涎欲滴，邀群吃喝共拳猜。

眼　陳炳澤

台北人群夜未眠，龍山寺口鬧翻天。蚵煎魯飯塡饑腹，粽味飄香口滴涎。

花　許又勻

饒河夜市衆爭趨，人去人來各自娛。阿嬤阿公手牽手，買穿買吃莫躊躇。

四　許哲雄

若晝街燈數里明，煙炊五味一家情。聞香沓至西洋客，競看饒河不夜城。

五　甄寶玉

饒河攤販叫售聲，客湧如潮不夜城。臭豆腐香傳百里，各人愛惡各人評。

六

佛顯龍山聖蹟饒，觀光夜市鬧深宵。蛇湯藥膳人誇好，站壁流鶯媚眼招。

鄞　強

七

夜市華西逛一番，蛇羹留齒勝雞豚。順遊佛地龍山寺，謁罷歸來踏月痕。

陳麗卿

八

饒河街市夜徘徊，好吃名攤酒胃開。媽祖神宮碏碏拜，彩籤六合發鴻財。

蔣夢龍

九

華燈初上士林區，似湧人潮恐向隅。舊八芝蘭市場外，書廚不重重庖廚。

張民選

十

艋舺巡街逛一場，觀光夜市賣聲揚。蛇湯蛇膽蛇鞭補，袪毒美容兼壯陽。

蕭煥彩

臺北竹枝詞(觀光夜市之二)

詞宗洪玉璋先生選

元

華西夜市世揚名，山產蛇湯烈火烹。外客觀光頻咋舌，老饕醉飲到三更。

甄寶玉

眼　　歐陽開代

夜市觀光席比鄰，松山艋舺士林親。攤前紅蟹鉤饞客，三尺垂涎品百珍。

花　　黃義君

圓環雞捲久名揚，下馬端因此物香。佐以花瓜甜辣醬，一生一世永難忘。

四　　陳麗華

饒河夜市有名聲，童叟無欺顧客盈。雜技也來頻表演，觀光老外樂行行。

五　　陳妧妗

衣鞋珍飾佈盈門，美饌飄香迎客尊。入夜饒河人湧至，紛囂箇裡有乾坤。

六　　陳彩嬌

黃昏夜市已登場，漫步饒河百味香。羊肉藥燉燒滾滾，豆花冰凍透心涼。

七　　洪世謀

歌樓燈火為君開，喜見人潮接踵來。艋舺風光非一夕，今宵把酒憶花魁。

八　　王　前

艋舺繁華自古傳，龍山寺口客摩肩。山珍異饌商機旺，么喝通宵未肯眠。

九　蘇逢時
艋舺觀光鷺侶邀，竹枝唱和櫓聲搖。稻江夜市林家景，文彩風流入板橋。

十　蕭煥彩
饒河夜飲暢開懷，排骨藥燉香滿街。美食攤攤多顧客，財源似水樂無涯。

臺北竹枝詞（風土民情）　詞宗蘇逢時先生選

元　翁正雄
北臺一社壯瀛東，代有人才氣派雄。老少吟詩追李杜，清新直起晉唐風。

眼　洪世謀
城隍繞境佑豐年，鞭炮通衢欲震天。歲歲今朝隆慶典，閩南風俗酒杯延。

花　廖碧華
龍山古寺世聞名，菩薩慈悲渡眾生。指點迷津祈頓悟，煩憂了卻一身輕。

四　許欽南
艋舺喧闐十月朝，出巡神像竟招邀。香煙繚繞笙歌沸，無數金錢暗裡消。

五　王　前

街道人車似水流，文明都市遍高樓。萬商雲集人情薄，各自追名百利求。

六　洪玉璋

勝蹟多年記不清，夷州圖上認鵾城。遊人穿屐於今改，無復當時響屧聲。

七　陳彩嬌

端陽縛粽賽龍船，弔屈民間萬世傳。老外也來參競渡，淡江鑼鼓倍喧天。

八　陳炳澤

人情敦厚適安居，鼎盛文風滿里閭。捷運交通車旅便，經商養老並閒舒。

九　李珮玉

搭乘捷運疾如風，淡水中和四界通。地下商家生意好，免驚落雨作憨工。

十　葉金全

流行頸掛手機垂，台北街頭幾萬支。傾耳談心無礙遠，約來千里未嫌遲。

臺北竹枝詞（風土民情之二）　詞宗楊振福先生選

元　陳麗卿

稻江五月迎城隍，置酒陳殽戶戶忙。那管阮囊羞澀甚，豁然日耗一年糧。

眼　許哲雄

艋舺青樓賣笑名，曠夫遊子寄孤情。官箴有損金吾禁，從此花街遠玉京。

花　歐陽開代

回憶孩時五一三，城隍巡市鼓鑼參。稻埕群雀盤旋啄，紅露酣人恣笑談。

四　張民選

行天宮外萬人來，爭向門前冀占魁。爆竹聲中爇頭炷，一年如意易生財。

五　陳炳澤

麗正城頭酒幟開，腰纏萬貫醉千杯。半酣興賞雲中月，世外桃源客湧來。

六　邱進丁

陽明春暖曉風微，大道人潮難駐騑。不必尋芳遊客報，花香自有蝶蜂圍。

七 蔡業成

喝道鳴鑼火砲衝，捧香男女競朝宗。漫言媽祖神通廣，只祐漁民不祐農。

八 康濟時

一門無路道無通，對立雙方忘大同。心結雄開開景福，容他南北與西東。

九 甄寶玉

文昌司鐸定前程，學子憂心考未成。芹菜青蔥誠意拜，祈求帝佑榜題名。

十 張耀仁

演戲高臺奏管弦，龍山寺古繞爐煙。人神渡海遺風在，慣點清香拜上天。

詩鐘：風雨‧三唱 詞宗許漢卿先生選

元 蕭煥彩

偃草風行君子德，濯枝雨潤帝王恩。

眼 駱金榜

萬里風雲光日月，滿山雨露潤乾坤。

花

及時雨解生民苦，得意風吹庶眾歡。

黃義君

四

竹葉風來搖翠色，杏花雨過濯芳枝。

葉金全

五

易水風前歌激越，巫山雨後夢溫柔。

蔡業成

六

芭蕉雨滴吳宮晚，楊柳風傳漢苑春。

翁正雄

七

月白風清松作友，梅香雨潤竹爲師。

邱進丁

八

半窗雨灑梅無影，三徑風來竹有聲。

洪玉璋

九

夜起風侵梧葉冷，曉來雨歇杏花香。

王　前

十

似剪風吹分柳色，如絲雨落潤花枝。　李珮玉

觀蓮組例會七月十八日於吉祥樓。值東：陳炳澤、蘇心紘、黃義君、蘇逢時、張開龍、林振盛、歐陽開代、許漢卿、陳麗華、洪淑珍、陳賢儒。

左詞宗翁正雄
右　　林正三先生選

北城懷古

左元右避　林正三

歲歷雙周甲，興懷望北門。江山誰是主，睥睨更何言。
人事三朝易，樓臺一角存。依稀屯嶺月，猶照舊承恩。

右元左避　翁正雄

貝塚殘碑在，江城捷運通。興衰傷往事，造化憶前功。
淡水河流遠，澄潭劍氣沖。重來參孔廟，同振聖人風。

左眼右六　黃義君

歲改星辰換，北城風物移。鵑聲勾舊憶，鴉影引遐思。
太古巢難覓，劍潭寺可追。也同花濺淚，因是異當時。

右眼左十六　王　前

陵谷驚多變，重來和尚州。東西尋故壘。遠近換高樓。
舊館知何處，新街認未休。開城年百二，詩紀思悠悠。

左花右廿五　陳炳澤

沈公建北城，墟里漸繁榮。外寇施殘虐，同胞歷苦荊。
戍樓仍屹立，牆堵已隳傾。百載今回憶，滄桑萬緒情。

右花右八　張民選

滄桑遺勝地，興替感無窮。河裊寒煙紫，門迎夕照紅。
牡丹揚鉢韻，學海啓文風。舊夢詩留蹟，馳思百載中。

左四右四　楊振福

行經老師府，誰不憶維英。學海深無底，仰山高有情。
斯文傳一脈，繩結積三楹。太古巢藜火，千秋耀北城。

右五左十七　李珮玉

淡水龍蟠護，圓山虎踞蹬。建城居管鑰，禦寇衛蓬瀛。
朝改牆垣毀，街興貿易榮。四門遺舊跡，懷古發幽情。

左五右十三　洪淑珍

貝塚東郊望，中山竟拆橋。虹銷悲去歲，跡認緬前朝。
雉堞名留夢，風光勝入謠。誰堪興替感，追溯思如潮。

右六左二十　蕭焕彩

新光三越聳，古蹟北門荒。有水魚龍衍，無埕鳥雀藏。
滄桑多變化，都市幾更張。把酒高樓賦，淡江流遠長。

左七右九　洪玉璋

興亡青史溯，荷鄭日清中。憶昔形猶在，觀今景不同。
高樓從地起，太古已巢空。憑弔徒增感，難尋迂谷公。

左七右廿六　許欽南

臺北多佳勝，滄桑話昔年。撫衙堂盡毀，憲府蹟皆遷。
屯嶺鳴幽鳥，基河起暮煙。衣冠人物盛，追憶感無邊。

右八　張耀仁

甲子兩回翻，追蹤認古垣。重熙迎旭日，景福悵黃昏。
衛土清廷建，侵邊日寇吞。興亡隨逝水，民主造仙源。

左九右十　洪世謀

眺盡北城天，時移物乃遷。承恩仍舊闕，麗正屬新椽。
訪古騷人誌，尋幽史蹟傳。滄桑雙甲子，墨客寫雲煙。

左十　葉金全

高牆嚴鎖鑰，墮堞剩殘門。景福依樞掖，承恩衛北垣。
臺灣哀割地，寶島喜歸根。甲午滄桑史，戍樓探本源。

次唱：友　情

左詞宗　楊振福
右詞宗　蔣夢樑　先生選

左元　張耀仁

左儒死諫感星文，義合之交哲士殷。痛失知音琴韻絕，高山流水復誰聞。

右元左十四　　　　　　　　　　　　　蕭煥彩
左儒投契誼情殷，贈紵分金更可欣。置腹推心誇管鮑，桃園結義美名聞。

左眼　　　　　　　　　　　　　　　　蘇心紘
淮水巫山鎖暮雲，杜鵑啼血每思君。溫情繾綣今何在，倚月消愁酒半醺。

右眼　　　　　　　　　　　　　　　　姚啟甲
友情柔水蘊蘭芬，倒屣相迎美好聞。汝欲知心金石固，當追管鮑共耕耘。

左花右四　　　　　　　　　　　　　　許欽南
膽肝互照致殷勤，心志相投最仰君。結契何須論齒序，願如管鮑久揚芬。

右花左十六　　　　　　　　　　　　　翁正雄
人稱醉佛學超群，每愛吟風共此君。三十年來詩酒契，傷心瀛海喪斯文。

左四右廿三　　　　　　　　　　　　　陳碧霞
友情深植力耕耘，解惑排憂廣見聞。把臂知心同進退，無需補拙獻慇勤。

左五右九　　　　　　　　　　　　　　許哲雄
永結金蘭義薄雲，忘年知己不多聞。堪儀李郭同舟濟，焦孟不離何足云。

右五左二十　洪淑珍
管鮑真情迴絕群，涵濡聲氣久彌芬。平生最是苔岑契，文字交親博見聞。

左六右十五　蔡業成
書田硯海共耕耘，攻錯頻繁規過勤。器局文章俱進益，情逾管鮑又多聞。

右四左避　楊振福
飛杯灑墨共耕耘，廿載交情屢憶君。上次吉祥才聚晤，忽來噩耗怎堪聞。

左七右廿九　黃義君
玉筍金蘭大雅群，秋高地遠見殷勤。松間竹徑尤相憶，不唱陽關唱暮雲。

右七　陳彩嬌
翰墨情交大雅群，膽肝相照莫如君。奎山霧暗知音杳，噩耗何堪倏忽聞。

左八右十七　歐陽開代
秋霜冬雪變風雲，離合悲歡塵世紛。金玉之交如管鮑，伴愁倍樂友情芬。

右八　陳炳澤
丹誠互勉學詩文，酒肉無沾卻有芬。友愛深情似潭水，絃歌共唱步青雲。

左九右十六　洪玉璋

閒來把酒共論文，臭氣相投獨憶君。義重雷陳誰得似，千秋佳話世留芬。

左十右廿七　陳麗華

萬斛珠璣共論文，吟哦酬酢酒初醺。彌堅友誼誰堪比，宴集一堂鷗鷺群。

右十左廿六　陳麗卿

信逾白水兩釵裙，抵掌談心至夜分。最是交情同管鮑，千秋不易似蘭薰。

中秋組例會九月十九日於吉祥樓。值東：王　前、蔣孟樑、陳欽財、林麗珠、黃國雄、陳麗卿、鄭水同、林春煌、曾銘輝、黃鶴仁、蔡柏棟。

懷邱逢甲先生　左詞宗楊振福　右詞宗洪玉璋　先生選

擬作　楊振福

和議割臺民恐惶，壯哉逢甲義旗張。蓬萊有主飄黃虎，草木皆兵抗赤陽。不敵精良新火砲，難撐圮缺舊城牆。倭侵天變山河泣，一代豪情沒海桑。

擬作　　　　　　　　　　　　　　　洪玉璋

夜分靜讀割臺詩，旋憶仙根忍別離。險惡逃生猶有恨，終奸至死尚存疑。
莫將成敗英雄論，長使消沉壯士悲。無力回天頻自責，誰憐空負一才奇。

左元右六　　　　　　　　　　　　張耀仁

割地求和事不宜，回天乏術枉奔馳。景崧志短慵籌策，逢甲情長慨賦詩。
盾曳基津空抱恨，舟橫臺海有餘悲。孤臣報國身家許，倘使重生哭此時。

右元左廿二　　　　　　　　　　　　蕭煥彩

仙根飽學一書生，詩酒相酬結義盟。號令保臺宣自主，興師抗日表全貞。
宜追可法孤軍戰，當恥承疇晚節更。瑕不掩瑜倉海志，是非成敗有公評。

左眼右十　　　　　　　　　　　　　蔡業成

少年入泮採芹香，頭角崢嶸姓字揚。上諫保臺詞激越，棄繻抗日氣軒昂。
有心闢地行民主，無力回天制憲章。一代風騷懷國士，長標史冊永留芳。

右眼左十六　　　　　　　　　　　　廖碧華

邱公愛國建洪勳，博覽群書廣見聞。宦海浮沉偏棄置，城鄉教化獨殷勤。
有心抗日謀防略，無力安臺退逆軍。六首離詩腸寸斷，忠心不二託遺文。

左花右十一　蔣夢樑

爲護東寧禦列強，仙根詞賦動肝腸。堅心抗日疏全計，捲土回臺作主張。
宰相有權悲割地，孤臣無力保邊疆。詩文字字揮真淚，千古流傳歲月長。

右花左十三　洪淑珍

東寧才子擅於詩，耿耿忠心志節持。設帳育材宏聖教，召民建國抗倭夷。
義旗高舉邦家護，霸業難成局勢移。長抱回天無力恨，何來盜餉啓疑思。

左四　陳賢儒

崇儒化育茂枝繁，逢甲興師護島園。檄告中西辭舊室，文宣內外建新垣。
獅球血戰軍方渡，虎首心驚帥已奔。曇現臺灣民主國，滿潮倉海落潮痕。

右四左十五　蘇逢時

邱公逢甲志高超，追憶當時正氣饒。鯤島失權心忍痛，馬關割據恨難消。
詩書滿腹鳴鄉里，才學多謀冠幕僚。民主臺灣今實現，勳留千古史長昭。

左五右廿三　黃天賜

英雄去住嘆難爲，直道人間有是非。千錠空留名士恨，百年徒使後人悲。
孤臣無力心誰識，國事多艱勢獨危。讀史忍將今世比，蜩螗何處卜神龜。

右五左廿五　翁正雄

仙根異稟豈凡儒，追念千秋志不孤。自主曾寒倭寇輩，總戎無忝聖賢徒。
勳留麟閣聲名著，力保鯤瀛膽識俱。一代詩人倉海客，勇追岳鄭懾強胡。

左六　歐陽開代

馬關吞恨割臺灣，凋落蓬萊士淚斑。逢甲憂民憐骨肉，景崧開國遠夷蠻。
揭竿二萬喧鵑市，偃鼓孤零轉祖山。設若丘藏田帥魄，藍黃旗颯百年嫺。

左七右八　許欽南

馬關締約寇來侵，抗日招軍事可欽。逢甲興師名永播，景崧亡命感難禁。
雄風未遂空投筆，偉業無成枉散金。海月嶺雲多寄慨，孤臣氣節見丹心。

右七　陳彩嬌

馬關條約割臺澎，八表譁然眾震驚。旋奉景崧爲總統，乃推逢甲率戎兵。
公宣建國推民主，檄告更元脫帝清。雄志未酬桑海變，吾應奮力繼鵬程。

左八右十三　陳欽財

共和民主著鞭先，國號臺灣檄告虔。逢甲義軍英士聚，景崧總統俊賢聯。
有權清帝能賠地，無力孤臣可動天。成敗難評懷肇召，丹心留取映山川。

左九右十二　陳焙焜

組民主國表精忠，雖敗猶榮渡廣東。設帳反清培將士，率團抗日出英雄。
回天臺島嗟無力，參政南京喜有功。卓著詩鈔傳後世，騷壇仰績念邱公。

右九左廿三　林正三

函電當年枉力爭，喪權和議恥終成。身丁蹇厄誰昆友，國履危亡自甲兵。
孤孽文詞多激越，總戎韜略欠分明。雄心未戢軍心潰，滄海浮舟任此生。

左十右十五　黃義君

瀛洲人物合推公，載筆橫戈孰與同。割地有權知國圮，回天無力證時窮。
玉山尚漬孤臣淚，津浦難尋宰相艟。雖復金甌朝代改，猶懷英烈眾心中。

次唱：中秋餅

左詞宗　翁正雄
右詞宗　康濟時先生選

左元右七　許哲雄

畫可充飢我弗狂，半秋時節正登場。萬錢沽得團圓味，分與霓宮素女嚐。

右元　　　　　　　　　　　　　　　陳彩嬌

日夜平分爽氣涼，中秋送禮往來忙。銀盤似餅人如餅，天地團圓叶夢祥。

左眼右花　　　　　　　　　　　　林正三

團圓似月蘊奇香，珍粄紅綾匣裡藏。佳節未臨先致贈，內中應識有文章。

右眼左廿一　　　　　　　　　　　林振盛

涼生暑退桂飄香，月餅銷售更異常。不作元朝傳訊息，翻驚肥胖與傷腸。

左花右十八　　　　　　　　　　　邱進丁

爐中極品競飄香，應節鮮糕又上場。栗子蓮蓉傳統味，當年此物約勤王。

左四右六　　　　　　　　　　　　陳賢儒

饈珍滿眼列街坊，節近清光應景常。悔食靈丹成異客，廣寒思餅枉枯腸。

右四　　　　　　　　　　　　　　林麗玉

缽韻由來應節章，中秋月餅最尋常。昔非誤食靈丹事，豈有今宵處女傷。

左五右廿三　　　　　　　　　　　陳麗華

月照人圓餅亦香，親調玉酪與君嘗。開懷且把銀泥剪，四片分來五色藏。

右五左十四　　黃義君
月出雲開桂子香，中秋備餅闔家嘗。今人只怕增肥胖，不記驅元此秘藏。

左六右十九　　葛佑民
中秋桂子正飄香，月餅傳音殺韃狂。胡騎回蒙明一統，江山依舊漢人匡。

左七右八　　李政村
形比團圓史冊揚，瓊珍馥郁嚼馨香。興中策劃家分餅，截殺元戎復漢疆。

左八右廿一　　蔡業成
如珪酥餅煥文章，玉屑金泥五色藏。人月團圓歡永夕，朵頤大快齒流芳。

左九右十一　　張耀仁
月到中秋購餅忙，珍饈啖後有餘香。何當合第團圓夜，與世無爭醉一堂。

右九左廿五　　林麗珠
應節糕餈滿室香，形如皓魄送迎忙。中秋樓上團團坐，煮酒烹茶共品嘗。

左十右十六　　陳焙焜
中秋月餅口中嘗，追憶劉基妙錦囊。餡裡藏單經一夜，殺完韃子大明匡。

右十左廿四　陳麗卿

粔敉紅綾自蘊香，匣中馥郁暢詩腸。肖形我愛圓如鏡，留待中秋薦酒漿。

光復組例會十一月二十一日於吉祥樓。值東：葛佑民、駱金榜、楊振福、鄞　強、黃天賜、許又匀、劉水稻、陳妧妗、甄寶玉、張慧民、李珮玉。

重陽紀興

左詞宗林振盛先生選
右詞宗翁正雄先生選

左元右避　翁正雄

大屯嶺上碧雲莊，佳節群賢引興長。九日題襟同作賦，三秋敬老共稱觴。騷風振起文風盛，國運興隆世運昌。把酒高吟追李杜，詩情豪邁壯鯤洋。

右元左二十二　張民選

瘦骨凌霜菊蕊鮮，節逢重九迓群賢。杯中酒藉秋風馥，籬畔花為舊雨妍。笑向煙霞忘歲月，喜從詩賦結因緣。佳辰句寫登高外，紀勝誰誇筆似椽。

左眼右花　黃義君

黃花綻放一籬金，來誌重陽忒有心。烏帽凌風雖偶見，白衣送酒卻難尋。
攘災客尙茱萸配，酬節人仍翽鳳吟。好是諸君腰腳健，明年定不負登岑。

右眼左二十三　林正三

浩浩乾坤萬里秋，紫萸黃菊正當眸。參軍韻事峰巒外，處士高標水石儔。
世態敢期歸太樸，詞章偶爾瀉清愁。白衣送酒人何在，我欲籬前一拍浮。

左花右九　洪淑珍

九日秋光自不同，頻吟閣賦興無窮。邀朋鬥韻迎佳節，簪菊登高襲古風。
佇立嶺頭開望眼，盤桓籬畔樂幽衷。詩題盛事情偏逸，把盞餐英效屈公。

左四右二十五　許欽南

佳節欣逢激興昂，歡歌笑語話重陽。風輕日麗身陶醉，雲淡天高氣爽涼。
夢有未圓因境逆，人能知足便心祥。但存一息休言老，欲倩詩魂振國綱。

右四　黃天賜

又至重陽淑氣沖，馨香祭祖禮儀隆。瓊漿淺酌團圓喜，國事閒談和樂融。
橐筆題糕書雅興，騷朋吟會展儒風。人人識得家中寶，敬老尊賢眾所崇。

左五右十四　楊振福

金神顯赫佑鯤洋，景氣翻昇德政昌。敬老千元酤菊酒，登高九日佩茱囊。
飛杯遠眺詩情起，疾筆豪吟雅興長。紅葉酡顏相映照，秋懷酩酊化龍驤。

右五　駱金榜

客中萬里動鄉心，九日黃花遍地金。陶老掛冠歸隱去，孟公落帽快登臨。
白衣攜酒酬佳節，丹筆題詩賦短吟。極目天涯思故土，神州棖觸感懷深。

左六右二十九　蘇逢時

曾經盛典記重陽，缽韻悠悠帶麴香。暢飲新醅追李杜，招邀舊雨話滄桑。
無人送酒詞還壯，有意鏖詩志激昂。一字難題空寄傲，吟哦自古笑劉郎。

右六左十一　蕭煥彩

重九吟詩逸興揚，豪歌暢飲引杯長。秋晴共赴登高宴，句美休嘲落帽郎。
夾岸楓紅懷故友，橫空雁度送斜陽。溪山風景依然在，渺渺佳人水一方。

左七右十七　曾銘輝

九日詩情勃發中，菊開雁過又秋風。避災桓景添茶話，落帽參軍暢酒盅。
七碗潤喉香有韻，一樽拚醉興無窮。鷗盟每憶離群鷺，欲插茱萸慰客衷。

右七左十三　葉金全

金風黃蕊綻東籬，繫臂茱萸九日時。騷友登高嘗菊酒，芸窗對景賦楓詩。
陽明氣爽湯泉湧，官邸花香玉露滋。攬勝人來多快意，豪吟遣興吐奇詞。

左八右二十四　張耀仁

賓主三千萃一堂，笙歌助興醉重陽。星垂北野欣高壽，日耀南天兆吉祥。
衰鬢乍看今夕白，金英仍孕去年黃。酒闌情動題糕字，敢效劉郎老更狂。

右八左十八　陳麗卿

又見雲天雁字行，登高踐約祝重陽。金風送爽歡無極，勝日尋幽興更長。
千丈龍山烏帽墜，九秋鳳岫白蘆颺。競裁佳句酬佳節，韻事何關世態涼。

左九　蔣夢龍

九日臨風志自豪，騷朋相約喜登高。題詩共賀吟身健，落帽頻摧老友勞。
展望鯤洋觀蜃氣，憑瞻瀛海賞雲濤。茱萸採得搔頭插，醉把黃花入濁醪。

左十右二十七　洪玉璋

九九佳辰雅會開，客如魚貫上樓來。狂教詩思風雲變，閒任年華日月催。
菊插盈頭歡晃腦，酒傾薄暮笑呼盃。恐將盛事隨湮沒，援筆成文誌錄回。

右十　　　　　　　　　　游振鏗

序屆旻天菊蕊芳，年年循例過重陽。扶筇遣興登山野，暢意邀朋備酒漿。

鬢髮已隨秋日白，茱萸獨對昔時黃。凝眸遠眺情何已，未見佳人水一方。

次唱：小陽春

左詞宗洪玉璋
右　蔣夢龍先生選

左元右四　　　　　　　　蘇逢時

小陽時節集名流，敢效蘭亭褉事修。有待東風頻送暖，鼉詩我愛吉祥樓。

右元左花　　　　　　　　翁正雄

小春雅集吉祥樓，愛國詩吟媲陸游。十月迎寒誇汗馬，一篇傑出占鰲頭。

左眼右八　　　　　　　　林正三

一色新芒嶺上稠，小陽春屆氣仍秋。詞人高興閒雲外，坐對遙山更縱眸。

右眼左花　　　　　　　　張耀仁

小春天氣似清秋，秀麗江山宿雨收。國事頹唐當奮起，同心共泛濟時舟。

右花左十八　蔡業成
過隙駒光不肯留，小陽春至界冬秋。冷雲短暑山容瘦，報信疏梅一蕊浮。

左四右十二　許哲雄
穗穗黃金眼裏浮，臺灣十月小春柔。穿簾那有寒侵榻，未見行人擁重裘。

左五右五　黃義君
霜花難改小春柔，十月瀛洲未擁裘。嶺上松枝園裡竹，迎風仍不蹇眉頭。

左六右九　駱金榜
小陽雅集萃盟鷗，鬥韻攤箋逸興悠。敦厚溫柔詩志顯，千年國粹獻鴻猷。

右六左十一　邱進丁
十月涼風舒綠疇，微霜不覺露臨秋。滿山蘆荻花搖舞，惹得騷人意更悠。

左七右十四　張民選
梅蕊新開眼底收，寒雲凝野過三秋。小春轉眼催殘臘，有志凌霄笑白頭。

左八右二十七　李珮玉
朔風微拂欲添裘，乘此陽春會鷺儔。席上豪吟無限感，紅塵紛擾幾時休。

左九又十八　　葛佑民

小陽春至北風稠，菊傲霜枝杳暮秋。歸去來兮游子淚，鄉思入夢放翁愁。

左十右二十八　　洪世謀

疏梅報信暗香浮，屆小陽春氣自悠。寶島風光隨處好，無邊山水足尋幽。

右十　　鄞強

更長荷盡寒風播，晝短菊殘愛日流。梅萼凝霜紅葉鬥，騷朋十月樂賡酬。

冬至組例會因故延開，九十四年二月二十日於吉祥樓餐廳。值東：許文彬、張耀仁、趙松喬、李宗波、蔡業成、林正男、洪玉璋、姚啓甲、陳碧霞、賴添雲、吳裕仁。

甲申回顧

左詞宗陳兆康
右詞宗林正三　先生選

左元右十四　　張民選

飲罷屠蘇憶去年，萬般愁緒觸心田。驚看南亞逢奇禍，殷望東寧出大賢。兩岸三通機乍現，層峰對話夢將圓。金雞唱遍春消息，朗朗新陽耀眼前。

右元左九　蔣夢龍

甲申歲末感無窮，逐鹿鯤瀛沸海東。選戰看他爭一席，和談卻見假三通。
書生亦有憂時局，權位尤應改政風。只願來年新氣象，晨雞報喜建奇功。

左眼右眼　李建成

甲申過了又雞年，身寄蓬萊客夢牽。禍福死生殊未卜，國家安定總無偏。
上官信守堪懷德，黎庶溫存亦快然。萬象昭蘇欣有兆，春回大地綻芳妍。

左花右廿九　邱進丁

頑猴撒野嘆無常，選戰何如扁呂傷。守護台灣權再握，經營大陸策難張。
紛爭立院刪軍購，忐忑民心盼政匡。歲末猶傳虧健保，盈餘樂透入誰囊。

右花　黃天賜

溪畔紅葩露已含，申年回顧漫天談。波瀾選戰民心沸，沉重軍需百姓擔。
南亞無端掀海嘯，全球協力濟衫襤。燃香上禱祈神庇，降福蒼生雨露甘。

左四右十九　蔡業成

殘冬回顧甲申年，觸緒驚心感萬千。元首選賢遭暗算，群黎望治付唐捐。
中樞互展縱橫術，兩岸競趨萁豆煎。賴有跆拳傳捷報，揚威異域凱歌旋。

右四　洪玉璋

話到猴年足可悲，禍災不斷世生危。驚聞海嘯吞南亞，錯覺天搖崩北陲。
鳳紀書元辭舊歲，騷人聚首賦新詩。毋忘國事頹風挽，激濁揚清大有爲。

左五右十七　陳麗卿

靈雞報喜兆興隆，回首中年感靡窮。藍綠爭權危國計，美中攫利亂金融。
嘯災肆虐哀矜賑，詩運匡扶績效豐。今日迎新蘇萬類，昇平氣象滿瀛東。

右五左十三　李宗波

送申迎酉過新年，回首前塵感萬千。昔日頹風憑救挽，此時弊俗賴除蠲。
宏揚道統心師聖，再振綱常志繼賢。朝野協商修舊好，爲民造福愛台員。

左六右廿一　甄寶玉

流水光陰又一年，每逢換歲感無邊。憂傷知己今零落，慶幸痳肢已癒痊。
琴曲自娛音韻妙，翰書合展筆花妍。尚欣家眷同康泰，願我詩文似湧泉。

右六左廿六　洪淑珍

回思去歲覺心驚，二彈風波起莫名。景氣低迷朝野急，乾坤板蕩海桑更。
重嗟黎首沉淵涘，劇愴詞壇失主盟。接酉送申期泯劫，金雞唱遍滿天清。

左七右廿七　蕭煥彩

回首甲申迎酉年，勤修書畫寫詩篇。推敲字句三更晚，點染山川一幅妍。
筆墨生涯情有寄，旅遊世界景無邊。松梅最愛常培竹，寒盡寧知歲月遷。

右七　楊振福

吾人努力一年來，兄弟鬩牆仍忌猜。社稷分庭難抗禮，工商隔海互通財。
甲申歸昔雲煙過，乙酉更元歲月催。兩岸祥和基善意，華胥大治仗英才。

左八右十六　蘇心絃

偷桃猴子玉京回，破曉金雞景運開。苑內梅花飄馥郁，堂前爆竹挾風雷。
紛爭國事如潮湧，變幻人情似浪摧。但願干戈能遏止，和諧協力兩無猜。

右八左廿四　蘇逢時

虛度光陰又一春，追懷往事賦詩頻。花村買醉逢正月，寶島偷閒憶甲申。
歲序堪憐駒過隙，才華未抵筆傳神。年年碌碌依然我，何日文章善出塵。

右九　張耀仁

卅萬冤魂哭浪沙，驚天海嘯世悲嗟。空言朝野無良策，貫串官商有妙車。
大陸人權何日見，臺灣國步倚誰遮。甲申厄運隨猴去，易歲春風處處花。

左十右二十　王　前

歲更乙酉納千祥，回首猴年實可傷。藍綠紛爭看擾攘，親朋隔礙感迷茫。
幾驚星墜清輝歛，輒寫詞多記恨長。序轉願教開泰運，迎曦起舞把時匡。

右十左十九　許欽南

甲申雖過鑑爲功，回顧年終得失通。兩岸兩邊捐敵對，三台三黨策和融。
雄心不讓韶光老，壯志應隨漢祚隆。化俗匡時期我輩，昌詩報國樂騷翁。

次唱：新春述懷

左詞宗王　前先生選
右康濟時

左元右十七　楊錦秀

喜迓靈雞瑞色敷，韶光淑景遍江隅。深期藍綠調和象，人壽年豐萬物蘇。

右元左十八　洪玉璋

春到人間興不孤，吉祥樓上萃鴻儒。樽前翻憶黃陳老，面命提時最起予。

左眼右十九　　蔣夢龍

晨雞報曉慶春蘇，淑氣氤氳遍海隅。只願騷翁皆鶴壽，詩風精進壯規模。

右眼左九　　鄞　強

不堪言及受災區，南亞人民慘絕呼。劫難遠離迎乙酉，振興文運仗賢儒。

左花右十四　　楊振福

去年多難及無辜，乙酉春開瑞氣敷。何必自欺生濁世，盡情風月撚吟鬚。

右花左廿四　　陳碧霞

乙酉金雞啼似酥，春迎內閣展新途。繁榮經濟和雙岸，民主頻交我不孤。

左四　　許欽南

歲迎乙酉展鴻圖，萬象維新瑞氣敷。最是祈求詩運好，名篇擲地震三都。

右四左三十　　蘇心紘

一年有計萬般蘇，朝野和諧動亂無。兩岸三通昌貿易，欣逢乙酉展鴻圖。

左五右六　　陳兆康

歲聿更新萬象蘇，都門春宴爽吟軀。攤箋共抒愚衷願，朝野捐嫌起壯圖。

右五左廿九　洪淑珍

春到人間萬象蘇，欣欣有兆致宏謨。殷期朝老孚民意，領導邦家步坦途。

左六右避　康濟時

送申迎酉興彌愉，振我瀛聲詩不孤。新歲新人新氣象，如雞唱曉展宏圖。

左七右十三　李建成

春臨大地萬般蘇，政治清明展壯圖。老驥菁英宜奮發，光前裕後儘歡娛。

右七左避　王前

序轉雞年舊歲除，昇平假象苦寒儒。攤箋漫寫樽前事，喚醒騷人起壯圖。

左八右廿二　蔡業成

金雞報歲寫桃符，春到人間萬物蘇。麗日惠風新氣象，好施仁政返唐虞。

右八左十九　黃天賜

又是春風送雨濡，桃花灼灼景縈殊。自慚去歲無佳句，願效囊螢換智珠。

右九左廿七　李珮玉

春風破蕚碧翻朱，新歲登臨眼界舒。政海波濤祈止息，全民安樂吉祥趨。

左十　陳欽財

雞來猴去展心圖，人禍天災恐怖無。雨順風調三泰啓，欣欣郅治爽群儒。

右十左十三　李政村

吉祥盛會眾歡愉，氣轉鴻鈞萬物蘇。經濟繁榮應共創，恨嗟我是一寒儒。

九十四年度乙酉

花朝組例會，三月廿七日（農曆二月十八日）於吉祥樓餐廳。值東：林正三、翁正雄、陳欽財。

詞人風骨

左詞宗　洪玉璋
右詞宗　康濟時　先生選

左元右廿二　林正三

利祿當前志不移，芳型陶孟是吾師。立身首在言行正，處世毋教德義虧。
墳典潛心探突奧，詞章著手務雄奇。吟壇此日邪風熾，墜緒茫茫賴秉持。

右元左三十　羅尚

詩要溫柔氣要豪，義兼風雅視離騷。心無玉帛詞方妙，腹有詩書品自高。
窮後尤工唐杜甫，軍前發興漢曹操。東寧代有人才出，佇望來賢奪錦袍。

左眼右眼　黃義君

刪刪璅骨綴雲霞，唱玉聯珠成一家。筆底春穠宏有義，池邊草綠衍無邪。
移風力續詩千首，易俗勤追手八叉。應是詞人知淡泊，不思捧笏愛黃花。

左花右廿七　駱金榜

溫柔敦厚屬詞人，群怨興觀意最真。周雅風詩儒士效，楚騷骨氣藝林珍。
模山範水情懷舊，振玉敲金藻繪新。華國文章期不朽，感天動地首通神。

右花左四　王前

詩家風骨本嶙峋，道守中庸抱性真。處世謙恭多自負，窮時坦蕩少言貧。
平生未肯腰輕折，持節毋忘志欲伸。不亢不卑懷磊落，無爭名利一吟身。

右四　歐陽開代

自昔逸鷗憂世衰，歎看鴉鳳不同枝。屈原投水千年頌，洪督降清百姓嗤。
正氣歌忠傳海內，楚辭賦藻郁天涯。深知字字旋天下，嘔血敲成萬古詩。

左五右廿八　蔡業成

孔道無邪境界超，詞人品性筆難描。險臨威武仍昂首，甘耐清貧拒折腰。
傲骨堪同梅比格，虛心欲與竹爭標。不求不忮宏詩教，亮節高風日月昭。

右五左十三　蕭煥彩

載道文章效柳韓，嶙峋傲骨耐霜寒。扶輪大雅移乖俗，拯世中流挽逆瀾。
勁節咸誇能重義，堅心自許不偷安。歌功頌德非吾願，富貴浮雲一笑看。

左六右十三　翁正雄

何必孤山始絕倫，清標逸韻自成春。忠肝義膽英姿煥，傲骨堅心正氣伸。
詞俊上追盧駱體，歲寒長葆柏松身。無虧晚節承詩祖，自是高風澹雅人。

右六左廿八　李珮玉

幾許騷人隱北城，珠璣埋首寸心耕。長居陋巷簞瓢樂，愛坐寒齋六史烹。
鍊意研詞鋪麗藻，賦詩述志表幽情。功名澹泊真風骨，亮節清懷自在行。

左七右廿三　葛佑民

犀利詞鋒劍氣寒，嶙峋風骨振詩壇。沖天壯志乾坤轉，傲世雄心日月蟠。
足踏青山千里動，身居陋巷一瓢安。仕途淡似陶元亮，歸去來兮大道寬。

右七左廿四　蔣夢龍

風人風骨抱真心，豈受紅塵半點侵。遵道行仁能潔正，崇廉守德不荒淫。
放翁愛國詞章美，屈子忠肝澤畔吟。持節清高爲世範，詩家本色淨胸襟。

左八右十五　蘇逢時

任寫詩仙或酒仙，軒然傲骨本超然。宏揚正派心無愧，共挽横流志不偏。
綽綽才華追白傅，翩翩丰度步青蓮。騷人莫道經綸小，思入風雲遍大千。

右八左廿六　張民選

離騷巨著作南針，喚起詩魂壯藝林。三省行爲天可鑑，重思教化世堪欽。
雄詞篤實規邪正，讜論清高貫古今。禿筆無私傳至語，匡時偉範革人心。

左九右廿六　張耀仁

風流雅望賦詩多，用世文章儘網羅。節勁名香欽日月，詞雄筆正繪山河。
心歡五柳籬邊菊，時詠三閭澤畔歌。貶惡褒忠明大義，凜然骨氣鎮邪魔。

右九左廿二　陳麗卿

騷壇白戰幾經年，詩骨稜稜氣凜然。灑脫每懷陶靖節，風流夙仰李青蓮。
才華韜晦甘人後，節操光明見眼前。莫使斯文重掃地，振衰除弊志尤堅。

左十右避　康濟時

光風霽月養吾儀，玉潔冰清勁骨肌。四可由來今古髓，無邪本是聖賢脾。
非因利慾方乘興，豈爲聲名始作詩。正道揚騷揚正氣，狂瀾倒挽好匡時。

右十左十八　林振盛

靈臺無滓自光明，矯矯高標一代英。不為貨財捐氣節，但將詞賦託平生。言探聖哲胸懷闊，道究天人眉宇清。擾攘塵寰蠅競血，吾惟學海善經營。

次唱：春郊散策

左詞宗　李春榮
右　王前　先生選

左元右四　蕭煥彩

東風拂柳野人家，信步芳郊翠色斜。十里鶯啼春意鬧，香隨杖履樂無涯。

右元左十二　鄞強

節過花朝豔百花，扶筇野外訪詩家。草山香郁群芳競，那怕齡高健步差。

左眼右十七　蔡業成

香風暖日草抽芽，散策來探解語花。萬紫千紅人欲醉，踏青到此不思家。

右眼左廿四　葉金全

陽明豔麗遍櫻花，曳杖清蹊映彩霞。漫步深林聽鳥語，春山坐對亦思家。

左花右廿四　　洪淑珍

陽和麗日正繁華，步逐芳菲遊興賖。一路鶯聲歌宛轉，怡人煙景樂無涯。

右花左四　　羅　尚

櫻花樹下杜鵑花，楊柳堤邊賣酒家。春服既成人五六，詩情畫意樂無涯。

左五右廿七　　陳欽財

春風拂面駕輕車，極目城郊美景賖。鳥語呢喃詩意會，偷閒半日好生涯。

右五左六　　李宗波

踏遍郊原十里遐，鷺鷗結伴共探花。山城二月風光好，曳杖優遊樂靡涯。

右六　　黃義君

碧山紅樹淡煙遮，策杖尋春處處嘉。繡谷芳園蜂逐蝶，擾人卻有暮歸鴉。

左七右廿九　　駱金榜

尋芳散策興無涯，踏遍郊原百里遐。欣賞風光春意暖，好收麗句錦添花。

右七左廿一　　黃天賜

信步城郊欲賞花，桃櫻滿眼似雲霞。山青十里皆芳草，吟唱渾然忘日斜。

左八右八　　　　甄寶玉

陽明無處不芳華，三月群英競吐芽。漫步閒吟櫻樹下，渾然不覺日西斜。

左九右十六　　　　許欽南

東郊信步賞芳花，旖旎風光春意賒。啓我詩懷思杜甫，行吟拾翠樂無涯。

右九左十一　　　　戴麗美

春陽滿眼喜無涯，策杖東郊興倍加。絕好風光如世外，詩題百首筆生花。

左十　　　　陳碧霞

徐徐策杖過農家，兩老相偕去賞花。翠綠竹湖鋪白苧，紅櫻嬌豔杜鵑華。

右十左二十　　　　陳炳澤

初春令節景韶華，健步郊村至日斜。映眼河山青一色，心怡盡享不思家。

清和組五月廿二日於吉祥樓。值東：張堉爐、李宗波、林振盛、許欽南、許哲雄、胡其德、蕭煥彩、賴添雲、康濟時、邱進丁、黃鶴仁。

慈母手

左詞宗翁正雄
右詞宗洪玉璋先生選

左元　歐陽開代

竹床未暖起聞雞，冉冉慈萱郁祖畦。長主寒廚炊蕨葉，三遷倚戶接龍兒。纖纖玉手衣裳作，煦煦高堂詩畫題。紅紫萬千繁野外，那枝幽勝此柔荑。

右元左八　甄寶玉

北堂麗日眾葵傾，感念牽攜舐犢情。父渡重洋謀活計，母持中饋作湯羹。諄諄教字連三載，密密縫衣到五更。老愈思親恩未報，海天遠隔夢長縈。

左眼右十六　邱進丁

溫馨巧手賦神奇，推動搖籃倍感慈。岳母針忠旌武穆，歐公畫荻掌宗師。冬衣綴補身寒日，美食烹調腹餓時。拭淚療傷能事廣，栽蘭植桂塑金枝。

右眼左廿八　姚啟甲

雙手纖柔少女時，今成人母不辭疲。縫衣調褥金肢作，備食烹羹玉臂持。
畫荻熊丸東野頌，裁紗刺背北堂慈。全能猶似如來掌，撫育功高百代垂。

左三右十一　蕭煥彩

寒宵褓抱感慈親，推動搖籃白髮新。鏽補針針流血汗，烹炊日日費精神。
刺忠報國傳嘉訓，斷杼教兒學聖人。養育劬勞纖手老，千秋長頌北堂春。

右花左十四　駱金榜

萱親淑訓樹良規，慈愛箴言教愛兒。畫荻和丸留母範，斷機刺背仰坤儀。
岳忠孟聖名千古，曾孝歐賢德永垂。寸草春暉時朗誦，長懷風木痛歸遲。

左四右十　許哲雄

抱懷黃口細心扶，龍女麟兒悉掌珠。今日縫衣愁白髮，他年問膳樂青菰。
倚門恩重千秋鑑，負襁情深萬世模。縱使北堂春日永，亦期人子盡如烏。

右四　李珮玉

節崇良母世稱誇，寸草春暉遍邇遐。雙手呵兒恩罔極，一心育子愛何加。
任勞任怨柔荑老，無悔無尤懿德嘉。若得孩歸勤探望，萱堂不復倚閭嗟。

左五右十五　陳賢儒

椿萱懿德愛恩嵩，最憶柔荑茹苦工。纖筍掄排分黑白，散花指引辨西東。
斷絲淚教半途學，刺背心思一念忠。萬萬春暉言不盡，蓼莪默誦紀慈功。

右五　李宗波

離鄉背井感深衷，獨念慈幃補綴工。指下針絲生暖意，燈前刀尺耐寒風。
巧縫密密兒身上，追憶纖纖母手中。萬縷溫情恩罔極，人間孝道應尊崇。

左六右十三　陳麗卿

提攜襁抱母恩隆，懿德流芳萬世崇。訓子斷機成亞聖，教兒刺背矢精忠。
心懷寸草情何切，暉暖三春澤自融。好念慈親針黹細，嫁衣重檢感無窮。

右六左廿五　洪世謀

竟日辛勞不爲名，常聞夜半杵砧聲。縫衣揮汗三餐計，稼穡施肥五穀營。
順侍翁姑桑梓重，嚴教兒女里鄰榮。掌中厚繭終無悔，每憶親恩淚欲傾。

左七右二十　許秉行

撫懷十月累身胎，鞠育躬親笑口開。茹苦持家無怨語，擇優學處薄私財。
忘勞井臼常肩任，力疾衣裳尚手裁。斷織教兒功不沒，史崇孟母意深哉。

右七左廿三　張耀仁

全憑雙手振家聲，賢母靈臺智慧生。畫荻匡扶無限愛，和丸佐讀見真情。
勤勞德比乾坤大，養育功同日月明。屈指慈顏違十載，今猶惻惻坐三更。

右八左十七　陳彩嬌

斷機畫荻訓諄諄，晝夜劬勞育鳳麟。愛似甘霖滋寸草，懷如暖日照三春。
烏私尚有還恩義，赤子焉無報德倫。今悔昔時虧菽水，痛悲風樹發哀呻。

左九　吳茂盛

水鄉守拙近仙居，理穢扶苗手自鋤。鄒邑曾聞機斷織，瀧岡有表荻傳書。
衲衣緘密憐兒瘦，篆背香煅勉國昇。萱草循陔思跪乳，慎毋三失嘆皋魚。

右九左廿六　蘇逢時

夏來猶憶換身章，針指依稀認北堂。歲歲裁兒軀上服，絲絲稱體意中裝。
輕羅應世堪驅熱，薄葛維新可納涼。老母當年親手綴，慈恩浩浩感恩長。

左十右廿四　葛佑民

失恃於今七九年，不堪回首問蒼天。宏恩未報親辭世，盡孝無緣母早仙。
舊服猶存慈手澤，古詩再廢蓼莪篇。皋魚道哭悲風木，泣血椎心淚湧泉。

次唱：憶童年

左詞宗蘇逢時先生選
右　　楊振福

左元右十五　蘇心紘
風雨淒淒憶故巢，童年最愛約知交。青梅竹馬情猶在，海角天涯未許拋。

右元左七　洪玉璋
兒時猶記任人嘲，混跡江湖學業拋。垂老於今如倦鳥，天涯直欲急歸巢。

左眼右避　陳彩嬌
兒時家住士林郊，遠眺圓山太古巢。未識文賢稱一代，詩藏萬卷大屯坳。

右眼　徐世澤
蘇北家鄉無樂敲，從師接受四書教。那知五十三年後，竟與詞人廣結交。

左花右六　林振盛
少小垂髫戲野郊，田疇拾穀釣竿拋。如今追想童年趣，更喜朋儔似漆膠。

右花　林麗玉

猶記階前竹馬跑，韶華一瞬滿霜髯。塵緣飽嘸赤心隱，世故由來無至交。

左四右廿三　葉金全

三重居處近村郊，回憶兒時住草茅。四野田園多廣闊，閒邀童伴玩沙包。

右四左十二　歐陽開代

暇日興來回舊巢，兩三竹馬戲村郊。當年旖旎青雲夢，豈料今朝白髮嘲。

左五右避　楊振福

憶昔家居北市郊，稻田騰翠四圍包。西鄰有女同庠序，竹馬青梅似漆膠。

右五左十一　陳麗華

總角騎牛牧野郊，草鞋爲枕樹爲巢。天真不識人間苦，又學頑童競五鐃。

左六右八　葛佑民

神州板蕩已無巢，憶我童年憶故交。刻骨銘心情不捨，愁容戚戚上眉梢。

右七左廿八　陳麗卿

童年緬憶笑心坳，未熟青梅杖幾敲。饞我一嚐酸齒頰，隔鄰老媼詈兼嘲。

左八右十九　　　　　　　　　　游振鏗
兒時讀冊手親抄，識得之無永不拋。五十韶華如一瞬，而今最愛把詩敲。

左九右十一　　　　　　　　　　張耀仁
童稚家貧住草茅，晨昏結黨戲荒郊。韶華七十傷虛度，敢有忘年起鳳蛟。

右九　　　　　　　　　　　　　廖碧華
懵懂無知課業拋，慈親鞭打氣咆哮。殷勤督導詩書讀，不負娘心仔細教。

左十　　　　　　　　　　　　　陳素真
想起童年憶故巢，庭園老樹有新苞。嬉遊友伴尋無處，只把相思寄月梢。

右十左廿五　　　　　　　　　　許又勻
當年往事憶村郊，驅趕牛群啖野肴。嬉戲頑童無顧忌，互當騎馬漫相嘲。

觀蓮組七月廿四日於吉祥樓餐廳。值東：陳炳澤、蘇心紘、黃義君、駱金榜、葉金全、黃天賜、許又勻、甄寶玉、廖碧華、李珮玉。

觀蓮銷夏

左詞宗 洪玉璋
右詞宗 康濟時 先生選

左元 李宗波

尋涼池畔步漫漫，逭暑人來興未闌。香出朱華飄遠近，露沾紅粉樂盤桓。
滿塘艷態莖拖綠，一沼芳心蕊吐丹。羞向塵寰誇色相，情同茂叔靜中看。

右元 許哲雄

日畏江風白羽鄉，藕花怡目卻炎光。吳牛息喘三秋早，越女傳歌七月涼。
揮扇疑將遭冷眼，凌波豈忍怨清香。不甘群睞憐西子，逭暑分明是陸郎。

左眼右十六 陳麗卿

白河自是芰荷鄉，逭暑人來賞一場。翠蓋田田浮密影，朱華冉冉散幽香。
沼邊風拂神何爽，亭裡歌酣韻更長。俗慮全拋涼味足，流連不覺已斜陽。

右眼左六　王　前

十里芳塘翠蓋披，紅衣倩影步遲遲。波心解慍香盈袖，水國消炎酒滿卮。
風露已捐三伏暑，亭樓靜賞六郎姿。仙葩畢竟非凡種，終伴如來法雨施。

左花右十九　羅　尚

亭亭翠蓋繞長隄，植物園中夕照西。十丈高花思玉井，一篇妙論在濂溪。
紅衣照座能消酒，香藕堆盤喜出泥。仙子凌波風舉袂，老魚來往勸留題。

右花左十三　蔡業成

玉立婷婷解語花，炎天來賞水之涯。淤泥純潔真君子，出浴清涼俏館娃。
茂叔微觀心比髮，六郎粗覺臉如霞。薰風解慍精神爽，逭暑還當到若耶。

左四　翁正雄

植物園中六月時，荷亭坐賞且吟詩。風搖翠蓋涼三伏，水映紅妝艷一枝。
避暑池邊消永晝，偷閒局外看殘棋。南薰習習迷人醉，菡萏花香入酒卮。

右四左十一　洪淑珍

熱浪燻人六月天，尋涼喜到玉塘前。盈池翠蓋臨風醉，映日紅葩出水鮮。
麗質重欽泥不染，幽香雅與景相連。賞心我有濂溪意，直豁炎氛付廣淵。

左五右廿一　　許又勻

驕陽赫赫汗漣漣，興起尋幽覓翠蓮。倚檻閒觀芳萼發，臨池爭賞艷粧妍。
迎風袪暑消吾熱，出水清塵惹眾憐。不染淤泥今古頌，攤箋振筆賦瓊篇。

右五　　張民選

十里荷塘逭暑行，微香隱約迓騷盟。盈池瀲灩浮青蓋，滿眼旖旎出翠莖。
水面風徐涼不斷，花間波軟景尤清。披襟坐領濂溪趣，也擬爲文寄此情。

右六　　陳彩嬌

伏盛難堪火傘張，我知何處可乘涼。請來植物園中沼，共賞蓮花水上妝。
翠扇搖風驅暑氣，紅衣映日發清香。翩翩品度真君子，不懾炎威節概昂。

左七右廿三　　張耀仁

漫步荷池蕊盛開，香風直引蝶蜂來。千葩競艷迷遊目，一水驅炎笑舉杯。
君子佳名塵不染，幽人雅態扇相陪。紅蕖我愛非凡種，與爾追涼錦繡堆。

右七　　賴添雲

群鴨安閒睡綠坡，炎炎夏日事無多。白荷萬朵齊開盛，青葉盈池共展波。
神會蓮香意在靜，智謀棋勝氣宜和。冰心一片胸中抱，熱暑任它我自過。

左八　蘇逢時

邀朋消夏水之湄，欣賞芙蓉絕世姿。解慍人依青竹巷，避炎我愛綠荷池。
輕飄兩袖濂溪叟，淡掃雙娥虢國姨。葉覆鴛鴦花引蝶，如卿丰韻自成詩。

右八　姚啟甲

賞景尋涼菡萏池，幽香去熱展仙姿。居泥不染文人頌，駐足詳觀雅士癡。
朵朵紅衣飄蝶樂，田田翠蓋隱蛙怡。凌波一現能消暑，君子風懷自愛之。

左九　游振鏗

菡萏開時夏日長，朱花萬蕊吐幽香。冰清君子塵無染，玉潔佳人蕙斂藏。
逭暑晨來田陌路，親蓮午憩水雲鄉。濂溪與我情投契，喜賞仙妃媚夕陽。

右九左十五　黃柏誠

火傘高張苦熱煎，清涼欲覓到池邊。喜看異萼枝枝豔，久坐馨風陣陣前。
心靜渾然忘酷暑，情生當下賦新篇。雖言君子敦頤愛，不染淤泥我亦憐。

左十　李春榮

手搖蒲扇上西泠，陣陣香風闖入舲。本擬消炎來避暑，何圖驚豔欲忘形。
天孫織錦濃和淡，仙女凌波婷且娉。最是令人欽品節，花之君子已亭亭。

右十左廿九　甄寶玉

熾日教人汗漬眉，尋幽逭暑傍華池。田田碧扇清涼景，濯濯紅粧綽約姿。
驟雨傾盆消酷熱，微風送郁解勞疲。興來淡寫芙蓉貌，心靜忘塵共此時。

次唱：仲夏夜

左詞宗王前先生選
右　胡其德

左元右廿七　蘇逢時

四面薰風萬籟吟，敲詩遣興到更深。欲消仲夏蒸炎氣，菡萏池邊鼓舜琴。

右元左廿四　陳彩嬌

夜池蛙鼓夢中侵，暑盛難眠最不禁。底事吳牛頻喘月，莫非疑日未西沉。

左眼　洪玉璋

五月炎宵暑氣侵，追涼散策淡江潯。忽聞兩岸蛙聲起，雖爲公私亂我心。

右眼左九　康濟時

燒空二伏感難禁，欲避炎威夜撫琴。惹得嫦娥廣寒約，一場春夢醉知音。

左花右十六　　林麗玉

燒空仲夏作詩吟，覓句悠悠已夜深。一縷扶搖消暑馥，筆花耕處靜人心。

右花左十九　　蔡業成

炎宵坐月酒頻斟，院落蛩聲報夜深。對影成三添雅興，留連不寐發豪吟。

左四右五　　張耀仁

蒲月炎炎夜色深，毋令蛙鼓擾吾心。邀朋煮酒涼亭下，也學坡翁放浪吟。

右四左廿七　　許秉行

陣陣南風入我襟，月眉蛙鼓透松林。螢燈記取西窗下，識曲周郎夜辨琴。

左五右廿八　　姚啟甲

仲夏炎宵熱氣侵，葛衣消暑納涼尋。螢窗琢句薰風夜，趁此何妨醉一吟。

左六　　蘇心絃

仲夏之時暑氣侵，瘦蟬隔葉咽哀音。微風拂面生涼意，助我驅炎夜半吟。

右六左十八　　葉金全

何從夏日滌煩心，卻暑惟期夜色臨。葵扇輕搖人自靜，坐來不覺已宵深。

左七　蕭煥彩

植物園遊獨駕臨，炎威稍斂月華侵。荷池花睡鴛鴦隱，仲夏長堤夜醉吟。

右七左八　陳麗卿

夜涼如水好風侵，習習荷香襲我襟。仲夏鷗城人靜後，詩懷朗暢起清吟。

右八左廿一　駱金榜

仲夏榴花映月吟，芙蓉先已透窗侵。老余不作非非想，謝絕輕狂候好音。

右九左十　張錦雲

列宿爭輝萬籟沉，邀朋鬥茗助高吟。豪情更愛詩邊酒，暑熱難移翰墨心。

右十左廿五　許欽南

綠荷池畔夜深沉，花自迷離月自臨。看取亭亭塵不染，五更清可沁詩心。

中秋組九月廿五日於吉祥樓。值東：王前、蔣孟樑、李政村、林麗珠、張明萊、陳麗卿、林春煌、曾銘輝、蔡柏楝、張錦雲。

民隱

左詞宗李春榮
右詞宗楊振福先生選

左元右四　陳碧霞

閭閻疾苦孰關心，爲政當須細察尋。黨閥紛爭緣底事，黔黎塗炭究何深。
輿情但願層峰聽，民意休教大海沈。上下溝通期暢達，宏開郅治萬方欽。

右元　蘇逢時

種竹栽花未算勞，爲民安隱感清高。晨柴晚釣生涯足，雨讀晴耕興趣豪。
人自扶犁時布穀，我耽櫜筆待題餻。那關宦海浮沉事，將賦歸來效老陶。

左眼右眼　葛佑民

政權興替步蹣跚，回首山河淚眼看。民有隱憂生計窘，國無良策治時難。
守貧我羨顏回樂，濟困誰憐范叔寒。亂世蒼黎何自保，唯憑慈竹報平安。

左花右廿四　李宗波

故里平居歲月深，年來風雨禍相侵。政壇紛擾爭權位，國會調和費苦心。
環境源流遭污染，民生經濟嘆消沉。邦興世治群黎望，爲盼中樞一浩吟。

右花左十一　陳麗華

閭閻疾苦暗酸辛，敢有微音到紫宸。縱是天災傷國本，卻由人禍誤黎民。
蕭條經濟心憂憒，敗壞淫風士棄貧。倘得輶軒能俗問，乾坤一氣轉洪鈞。

左四　蔡業成

民間疾苦歷星霜，隱忍於今暗自傷。經濟蕭條無遠略，族群對立費思量。
風調雨順成虛願，國泰人安聽彼蒼。最是法曹忘正義，平亭曲直怯擔當。

左五右廿九　蕭煥彩

民之疾苦孰能聞，奸佞根除賴聖君。體恤貧家遲繳費，關懷勞戶急排紛。
掏空國庫爭財勢，浪擲公錢換祿勳。不見災區重建善，但增軍購武無文。

右五左廿三　張民選

杖頭價貶日生悲，微薄薪津更失期。世道直看滋亂象，生黎空自戀明時。
城狐社鼠交征慣，邦本民心傾覆危。一縷衷情難上達，愁來唯有付聲詩。

左六　駱金榜

歷代賢君爲政憂，生民隱痛必勤求。一身獨暖心何樂，百姓多寒法速修。
治國才華資借箸，肅貪功績重防偷。自由公義宜珍惜，副座銘言肉食羞。

右六　林禎輝

困苦貧窮想革新，潛藏隱遯待能仁。共榮經濟開宏境，迭造商機利庶民。
久久善因多吉慶，時時惡業自輪囷。世間走盡無邊路，最愛清廉莫誤身。

左七　林振盛

執政無能國步窮，瀛臺財富漸淘空。工人失業多尋短，農地遭災履被沖。
朝野朦朦成濁世，黔黎戚戚遍哀鴻。重恢郅治全民福，俊乂伊誰起海東。

右七左廿一　葉金全

人民隱瘼向誰傾，思得廉能察下情。濫墾山坡流濁水，通膨市井陷深阬。
千條澗谷無疏濬，萬里峰巒有亂耕。望治安居咸樂業，嘉謀澤及眾蒼生。

左八右廿八　洪玉璋

朝野爭端似弈棋，治安敗壞痛難支。人民漸覺無寧日，盜賊橫行正盛時。
菜價狂抬愁主婦，油聲猛漲苦機師。衝天怨氣今彌甚，孤寡誰憐淚暗垂。

右八　　許又匀

街談巷議泰勞情，輿論譁然舉國驚。爲富不仁天地怨，貪贓枉法鬼神瞠。
除瑕滌穢擒魁首，尙德崇賢重節貞。弊絕風清朝政振，庶民殷望解心聲。

左九右十一　　許漢卿

吏治澄清以德謀，探尋民隱恤艱憂。親仁袪暴揚佳績，勸善消災締壯猷。
樂利安和人瘼解，農工發展物華侔。同心黽勉淳風振，國運維新策偉籌。

右九　　羅　尚

吏治疲癃百病生，風災水患與天爭。廟堂濟濟誰憂慮，經貿年年負長成。
又見全心忙選票，還堪入耳是詩聲。敢言敢怒民何隱，相約中秋鬥酒兵。

左十右廿二　　徐世澤

濫墾森林土石流，狂颮物價萬民愁。人因失業成強盜，士卻爲文作巧偷。
滾滾紅塵忙利祿，滔滔銀幕播淫優。老翁棄養倫常毀，公德蕩然生怨尤。

右十左十七　　黃廖碧華

遊行抗議有其因，深入鄉閭暗訪民。探察隱情能去弊，詳研疾苦可更新。
千官體恤常施惠，百姓承恩永感仁。滿足需求消怨氣，清廉德政萬家春。

次唱：馬屁文化　　左詞宗　許漢卿先生選
　　　　　　　　　右詞宗　洪玉璋先生選

左元右八　　葛佑民
政壇今日喜逢迎，拍馬吹噓應運生。欲進仕途循正道，官場文化自清明。

右元　　黃義君
讚揚如果失真誠，縱是鏘金四座驚。違反文章千古事，雖騰當世究無成。

左眼右花　　陳麗卿
中國官場最矯情，佞臣自古善逢迎。有司當惜忠諍輩，無黨無偏博令名。

右眼　　羅　尚
能吹善拍李蓮英，先意慈禧最有名。遠溯盛唐高力士，承傳代有害人精。

左花　　黃天賜
世間到處有逢迎，最恨逢迎馬屁精。百萬搭橋人一過，龍顏大喜便高升。

左四右廿二　　洪淑珍
惡質官場最矯情，邀功仕宦事逢迎。諂諛文化全民怨，誰遏歪風發正聲。

右四左九　　駱金榜

政壇風氣喜逢迎，處處常聞拍馬聲。奉勸諸君須自重，養廉文化賴形成。

左五　　蘇心絃

文化支離世態更，官場馬屁得殊榮。當今執政容奸宄，塗炭生民應負荆。

右五左八　　姚啟甲

求官務實晉公卿，怎用彎腰馬屁迎。鯉躍龍門循正道，青雲仕路奮鵬程。

左六右廿三　　李珮玉

諂言巧宦世公評，欲晉高官馬屁迎。史筆丹青傳萬載，總期秉政得清明。

右六左十四　　林禎輝

君子彬彬素重名，仰承上意使人輕。滿朝盡是趨炎客，如此潮流實可驚。

左七　　陳麗華

諂媚高官向勢傾，歌功頌德費經營。逢迎左右工夫巧，富貴亨通浪得名。

右七左十八　　王前

哀今馬屁正風行，笑看官場利祿爭。若會揣摩符上意，封妻蔭子且揚名。

右九左十七　　張錦雲

坊間文化顯民情，最恨虛言馬屁精。失恥趨炎求自利，寧教決皆辨分明。

左十　　蔣夢龍

卑恭屈膝善逢迎，諂媚升官四海行。築路鋪橋皆馬屁，古來文化不須驚。

右十左十五　　蕭焕彩

察觀上意善逢迎，頌德歌功仕運亨。若此歪風無掃蕩，何時可見政清明。

冬至組九十四年十一月六日於吉祥樓。値東：葛佑民、蘇逢時、蔡業成、楊振福、許漢卿、鄞　強、洪玉璋、姚啓甲、陳碧霞、陳麗華、陳賢儒。

燈橋

左詞宗　李春榮
右詞宗　康濟時　先生選

擬作　　李春榮

瑤光五彩絢長虹，影射和平兩岸通。科技粗窺天地秘，星橋巧奪鬼神工。

欣聞刻日將先引，可待昌期邁大同。渴望全民齊響應，重新再造漢家風。

左元右十二　　李宗波

投射光芒望彩虹，橫空影速奪神工。輝搖馬祖千條白，燄吐閩江萬點紅。
海跨和平融兩岸，經商貿易惠三通。燈橋化作天橋渡，利涉中台不恃功。

右元左二十　　陳碧霞

教授生徒儘出招，新奇創意彩虹橋。明燈火砲由誰選，光束兵戎任己挑。
兩岸千軍休對峙，九州百姓自逍遙。閩江馬祖先開步，締造和平邁富饒。

左眼右八　　張錦雲

光雕創舉史無前，燈束爲橋架海天。輝耀閩江情悃款，心昭馬祖意纏綿。
和平序啓全民望，兵燹氛銷兩岸聯。最是上庠名教授，中華藝界寫新篇。

右眼左十　　陳麗卿

燃萁煮豆恨綿綿，誰泯恩仇解倒懸。燈架長虹標創意，光騰黑水寫新篇。
閩臺佇待重籬撤，經貿將欣雅誼聯。戰地於茲成勝境，繁榮遠景達峰顛。

左花右廿八　　蕭焕彩

燈照海棠秋夜明，搭橋兩岸弟兄情。鎢絲取代烏茲炮，光束消除戰術營。
馬祖彩空輝萬戶，閩江燦地亮連城。平和燃起新希望，互動交流喜結盟。

右花　　邱進丁

分治政權祈共榮，燈橋互搭締和平。閩江霧顯千秋束，馬祖虹連兩岸情。
何必中華歸一統，同期大漢肇雙贏。跨年聯袂恩仇泯，燦世光投盞盞明。

左四右三十　　陳兆康

鴻溝既撤戰雲消，馬祖功成偉績昭。光束彩虹輝兩岸，霓拖金柱駕長橋。
劫波渡盡恩仇泯，盛世期開社稷饒。絕島生機憑創造，前程燦爛足矜驕。

右四左十五　　許欽南

彩燈光束駕長虹。燦爛輝煌耀夜空。五六年春家國遠，三千里路水雲東。
象徵寶島和平路，顯現神州信義風。喜看陸臺新頁啓，各行各制樂融融。

左五右避　　康濟時

創新妙意巧奇思，橋跨寒空欲化夷。高遠雲天明素誼，和平燈束代烏茲。
以光為鵲通牛女，希望如虹抒額眉。賴汝清輝輝兩岸，功同媽祖拯群黧。

右五左十六　　洪淑珍

萬丈光芒激海湄，燈橋創意屬伊誰。正欽馬祖新開頁，佇望閩江繼舉旗。
擾擾干戈銷有兆，融融昆季樂無涯。諧和兩岸全民願，經濟圖強建始基。

左六右廿一　　許秉行

隔海懸橋推馬祖，霓燈熠熠等虹梁。弟兄情分千秋重，邦國因緣一夕彰。
跨岸共圖銷劍戟，燭天喜見放光芒。黌庠教授新籌劃，促進和平意義長。

右六　　許哲雄

兩岸同輝徹九天，拖霓跨海勝秦鞭。炬光如斗堪題柱，電火爲梁可濟川。
雷射七星銀漢外，心焚列宿玉車前。雖思走馬長安道，照乘方知路半懸。

左七　　游振鏗

虹光萬道化仇讎，對立思潮一夕收。世冑炎黃同血脈，政權臺陸隔鴻溝。
壎箎自爾賡歌協，營壘於今戰鬥休。創意吾欽臺藝大，和平兩岸運良疇。

右七左十八　　李政村

文攻武嚇遍傳聲，遠眺神州繫我情。碧海無風何起浪，藍天白日倡和平。
燈橋搭接燈光耀，兩地相連兩岸迎。漢土重興惟此際，中華盛世策同盟。

左八右十一　　鄞強

兩岸聯輝離島明，海棠呼應見晶瑩。長空落月隨心淨，暗夜浮霓入眼清。
霧裡毫光騰色彩，雲前東亮絢霞晴。彎虹駕起和平路，照耀胸襟豁達情。

左九又廿五　古　槐

彩虹光射貫星躔，橫跨如橋壯大千。兩岸同輝誇創意，長空交會展新鮮。
波平台海風初定，夜靜銀河氣爽然。探照燈投卅六道，通明九域麗山川。

右九左十三　張耀仁

彩虹光束碧空穿，壯麗如橋陸海連。一夜銀燈輝島霧，千秋礮壘靖烽煙。
人煩戰亂時經久，世盼和平路得先。對岸脫胎民主日，詩家額手舞花前。

右十　林麗珠

同文同種本連枝，兩岸紛爭半紀奇。光束交流除敵意，燈橋互映貴相持。
須延一脈親情在，何急三通統獨歧。且把鎢絲替飛彈，和平海峽莫遲疑。

次唱：冬　望

左詞宗羅　尚先生選
右　　王　前

左元右廿四　翁正雄

冷日遙空起白鷗，波平八里渡船頭。觀音山上凝眸遠，漠漠寒江入海流。

右元左十一　陳炳澤

寒風颯颯襲輕裘，紅葉飄飄野景優。雖覺衰齡欣老健，轉憐貧戶缺糧憂。

左眼右九　洪淑珍

木葉凋零陽氣收，爲開望眼強登樓。遠山一片蕭騷色，頓惹詩人無限愁。

右眼　李政村

朔風凜冽怕禽流，細菌頑強世界憂。寄望冬陽驅病毒，回升氣候疾驚遛。

左花右十九　林振盛

十月平蕪一望收，嘉禾盡熟滿田疇。漫山紅葉斜陽外，古木蕭疏綺景幽。

右花　陳麗華

登高冬望邇遐收，騁目紅楓白葦幽。喜在山中環四顧，梅香松勁豁吟眸。

左四右十六　邱進丁

人間絕頂有清流，世上官場弊不休。島國如今寒似雪，何時解凍暖心頭。

右四左廿五　黃義君

冷雲紅葉一望收，底事傷時怨白頭。梅待迎春松餞歲，雍容處世是溫柔。

左五　洪玉璋
風捲寒林響未休，傷心獨上最高樓。倚欄遙睇斜陽外，萬里仍牽故國愁。

右五　許欽南
朔風初動任優遊，四面峰明喜雨收。最愛天寒松獨秀，身閒心遠景清幽。

左六　許哲雄
朔風吹雪凍雙眸，一室爐紅不見裘。只恐無船難訪戴，分明松柏易爲儔。

右六　李珮玉
紅梅初綻半含羞，踏步江邊國事憂。但願傲霜枝骨挺，臨財不取是真修。

左七右三十　葛佑民
遠望蓬山勝景幽，千林搖落雪花稠。寒梅風骨詩心壯，禿筆頻飛貫斗牛。

右七左八　張耀仁
郊原雨霽獨登樓，萬里河山一望收。凜冽寒風吹綠水，何時再見濟時舟。

右八左廿四　姚啟甲
寒飄六出促添裘，煮酒敲詩忘百憂。期迓南枝能早展，民心再暖冷無愁。

左九右十　鄞　強

初冬雅契吉祥樓，所欲康強未白頭。極盼齡高身健朗，探梅妙景筆端收。

左十右避　王　前

推窗風冷醒吟眸，西嶺遙看半白頭。路上驅飢人步急，荆妻直喚我添裘。

光復組九十五年一月七日於萬芳醫院統一商場（因舉辦社友詩書畫聯展，與冬至組順序對調）值東：許文彬、張耀仁、歐陽開代、陳麗卿、洪世謀、許秉行、張民選、游振鏗、洪淑珍、吳茂盛。

詩心墨趣

左詞宗　陳兆康　先生選
右　　　張國裕

左元右七　洪淑珍

藝海優游樂，吟情契墨緣。風騷胸次蘊，草隸筆端傳。揮洒成真趣，賡歌得妙詮。萬芳開首展，詩道藉綿延。

右元左廿九　　陳麗卿

藝苑崇三絕，優游歲月長。詩鑿詞藻富，筆縱墨花香。
胸次存風雅，毫端振紀綱。騷魂延一脈，瀛社綻光芒。

左眼右廿四　　翁正雄

瀛社開聯展，群賢聚一堂。詩情追李杜，筆意擬鍾王。
大雅襟懷壯，名家翰墨揚。同心弘教化，萬載永留芳。

右眼　　蔡業成

三絕詩書畫，名家萃一流。風雲興腕底，邱壑出心頭。
墨汁翻江海，毫光貫斗牛。琳琅輝四壁，放眼足千秋。

左花　　陳碧霞

瀛社萃精英，才華擅美名。臨池多雅趣，裁句富騷情。
筆底雲煙起，胸中錦綉盈。萬芳聯展日，逸品競晶瑩。

右三左廿三　　陳彩嬌

勝會開何處，吟鞭指萬芳。宅心於聖教，成趣在書香。
墨彩昭醫院，詩聲到病房。尚祈君好轉，早日復安康。

左四　洪世謀

李杜風徽在，鍾王氣象留。摛詞吟侶集，展藝筆花浮。
瀛社開新頁，騷壇策遠謀。詩心兼墨趣，揚譽到千秋。

右四左避　陳兆康

詩書融一體，相輔自相成。染翰饒佳趣，摛詞露至情。
毫鋒鸞鳳立，藻采斗牛橫。觀賞人如鯽，頻傳讚美聲。

左五右十四　王　前

處世懷敦厚，無邪抱以誠。韻拈吟子美，墨聚慕真卿。
筆點龍鱗動，毫揮燕尾輕。詩書聯一氣，客賞足怡情。

右五左十三　甄寶玉

瀛社開新頁，騷朋展藝文。胸中丘壑現，筆下芷蘭芬。
言志揚清韻，揮毫去俗氛。他山能琢玉，百尺力耕耘。

左六右廿八　張耀仁

吟心如霽月，墨韻激騷風。口吐珠璣燦，毫揮點染工。
鍾王聲價重，李杜姓名崇。聯展詩書畫，文瀾壯海東。

右六左卅六　林振盛

聯展詩書畫，詞壇共結緣。吟心明浩月，墨趣灑新箋。
藻采竿頭進，珠璣壁上懸。願吾瀛社侶，盛譽達峰巔。

左七右卅七　許漢卿

詩心同墨趣，學士日優游。述志貞誠勵，懷朋禮義酬。
揮毫描菊竹，展紙賦辭謳。抒雅揚風樂，欣然遣悶愁。

左八右十八　康濟時

詩墨融雙管，無爲自古今。空靈吞海岳，濃淡起山林。
繪學元章格，思從太白襟。放懷天地裡，處處有知音。

右八左九　姚啟甲

瀛社萃群英，同儕翰墨精。揮毫饒逸趣，摛藻溢騷情。
曳白鬚頻撚，塗鴉興亦清。詩書齊絢爛，奪錦氣崢嶸。

右九左廿二　許秉行

吟懷同李杜，瀛社結知音。八法流源遠，二南騷思深。
運毫生墨趣，誦句見詩心。此日開聯展，新聲重藝林。

左十右十一　蕭煥彩

瀛社聚英賢。宏開美展妍。丹心同日月，墨韻起雲煙。
畫學王摩詰，詩追李謫仙。萬芳文藝季，盛會賀新年。

右十左十九　張錦雲

靈臺能自靜，彩筆更豪雄。山水凌摩詰，詩書傲放翁。
三才瀛社懋，六藝萬芳崇。百幅精誠至，行開大雅風。

次唱：春滿杏林

左詞宗許漢卿
右　簡華祥先生選

擬作　許漢卿

萬芳瀛社喜聯盟，共藉藝廊書畫宏。却病怡神詩詠賦，揚風扢雅溢幽情。

左元右元　翁正雄

雅士醫師博好評，弘揚社教締佳盟。詩書畫展開新境，春滿文山譽滿城。

左眼右卅二　陳欽財

回春滿院萬芳盈，妙手岐黃樂眾生。藝展繽紛詩畫躍，移風社稷領鯤瀛。

右眼左十五　許文彬

萬芳院內有吟聲，湧入騷朋書畫情。幸有良醫堪濟世，杏林春滿得双贏。

左花右廿一　盧陳對

良醫濟世學專精，察脈通神一舉鳴。更有藝廊迎墨客，杏林春滿富人情。

右花左六　廖碧華

萬芳醫院世聞名，術德超群獲好評。瀛社聯吟書畫展，杏林從此有詩聲。

左四　姚啟甲

萬芳春暖墨題盈，詠滿醫林濟世聲。畫彩丹房增藥效，詩吟病癒惠蒼生。

右四左卅四　葉金全

萬芳植滿杏林榮，妙手回春醫術精。造福群黎追扁鵲，痌瘝在抱遠名揚。

左五右十七　蔡業成

紫陌芳時淑景明，杏林春暖好風迎。萬芳聯展詩書畫，七字新詞咳唾成。

右五左卅二

東來紫氣滿園生，杏蕊搖風入眼明。馥郁餘香聞遠近，萬芳大愛有清名。

王　前

右六

萬芳醫院會鷗盟，喜見杏林欣向榮。一例風騷同救世，千秋董奉共留名。

游振鏗

左七

春來鷺友萬芳行，盛會詩書展細評。妙手杏林除病痛，溫情送暖濟蒼生。

陳素貞

右七左廿五

騷侶聯翩頌正聲，杏林花放看爭榮。萬芳雅有回春術，懷抱痌瘝盡國英。

洪淑珍

左八右卅四

種杏成林爲眾生，逢春滿嶺聽啼鶯。詩章奕世真無價，但有儒心淡薄情。

陳彩嬌

右八左卅五

回春有術博佳聲，療護均優達水平。譽滿杏林功壽世，萬芳醫院永垂名。

邱進丁

左九右卅五

日月匆匆歲又更，欣看草木復回生。萬芳開展詩書畫，盛會醫林擊缽鳴。

黃天賜

右九左廿三　李珮玉

寒梅吐蕊喜春迎，瀛社同歡鉢韻鳴。琢句萬芳多妙手，杏林回暖滿詩情。

左十右卅一　黃義君

萬芳醫院萃精英，種杏非唯春日耕。徙柳針茅皆有喜，活人活國頌聲聲。

右十　洪玉璋

醫群個個是菁英，不獨仁心術至精。一樣杏林春種滿，萬芳董奉仰齊名。

九十五年度丙戌

四月十六日假臺北市大同區昌吉街八十九號四樓國慶區民活動中心召開成立大會。蒞會貴賓內政部視察陳美杏，考試院顧問中華詩學研究會名譽理事長張定成、理事長朱萬里，中華民國傳統詩學會理事長簡華祥，致理技術學院校長朱自力，東海大學教授吳福助，中山大學教授簡錦松，政治大學教授黃美娥，東南技術學院教授詹雅能，台中技術學院教授林翠鳳，文史學家唐羽先生等文壇名流暨全體會員百餘人。

賀詩

恭賀「台灣瀛社詩學會」創立　紐約　李德儒

百年待得逐潮來，立案今朝社務開。整日陽春栽稚蕊，多情白雪育寒梅。
雄心贏得千秋史，墨客還多不世才。長賦河山景幽美，歌吟不斷滿瀛臺。

其二

新祠還見舊風標，瀛社蜚聲立碧霄。詩思滃然隨筆落，詞章清絕鬥春驕。
國聞家事千秋史，離合悲歡多少朝。正值河深波浪湧，忽逢盛會會琨瑤。

借韻奉賀　李　凡

賀之青史載名標，台島風流凌漢霄。灣畔星輝春水暖，瀛寰律雅德音驕。
社交漱玉溪泉聽，詩興忘情日月朝。學有後先心有待，會當清韻頌瓊瑤。

虔誠敬賀瀛社詩學會成立　王啟文

老店重張見指標，聲名寰宇震凌霄。逢迎世局規章換，應付潮流設網飆。
力挽騷壇攜後進，心耕古韻入新謠。輕舟逐浪隨風起，瀛社旂旗四海飄。

隨緣敬賀　王啟文

啓碇揚帆意氣堅，欣逢盛會聚群賢。新聲擇韻題詩作，舊幟邀人論事編。
瀚海行波多駭浪，銀河摘月共提肩。騷壇逐夢從今起，廣植青苗一脈延。

恭賀台灣瀛社詩學會成立大喜　陳美言

騷壇緣寶島，翰苑起南城。雅韻傳詩意，鴻文豁性情。
瑤章連遍地，妙筆起崢嶸。海宇聲瀛社，花朝百歲鳴。

恭賀「台灣瀛社詩學會」成立　紐約　楊瑞航

春花共展景幽幽，山有青鸞水有鷗。詩社形成新氣象，良齊俊秀在瀛州。

次德儒兄「灰韻」原玉　林正三

泰西佳客駕鵬來，文字因緣間世開。共矢貞心盟古月，同標勁節凜寒梅。
種源遠溯炎黃裔，詞苑重欽李杜才。網站正須勞臂助，好將騷雅佈全臺。

臺灣瀛社詩學會成立

左詞宗莫月娥
右　吳振清先生選

左元右六　洪嘉惠

九七春秋盛，更顏慶典隆。開基苗盡秀，立案陣尤雄。
筆氣凌雲外，文光耀日中。臺灣旗鼓壯，瀛社振騷風。

右元左十八　吳子健

稻江鷗鷺集，詩學會功成。筆寫三唐句，旗飄五字城。
揚風堂偃草，立案社題瀛。桃李新生面，欣欣日向榮。

左眼右避　吳振清

舊名新立案，瀛社冠臺灣。學會精英萃，騷壇雅頌頒。
淳風揚海嶠，正氣播人寰。勠力傳薪火，雄韜異等閒。

右眼左九　洪澤南

學會新成立，斯文一脈延。正聲欣未變，餘緒喜能傳。
扢雅規模在，揚風氣骨堅。群英來入彀，瀛社續詩緣。

左花右四十　張民選

爲貫賡詩志，嚶鳴九七秋。扢揚矜盛世，磋切萃清流。
大筆扶輪壯，宏篇振鐸留。於今新立案，榮景燦瀛洲。

右花左四　吳東源

寶島昌詩早，登瀛盛唱酬。缽催年近百，案立冊從頭。
櫟社差堪擬，蘭亭足與儔。題襟揮綵筆，興國解民憂。

右四左十三　蘇逢時

瀛社騷風起，年將百歲期。仍存唐格調，未改漢威儀。
矯俗興詩賦，弘文壯鼓旗。蓬壺嚴筆陣，立案得天時。

左五右五　邱天來

瀛社揚聲教，端倫化俗深。一朝循立案，眾樹蔚成林。
緒接先賢跡，風敦大雅音。百年堅壁壘，詩海作南鍼。

左六右五十　　張國裕

社擇花朝創，賡詩九七年。柬邀鷗鷺日，案立燕鶯天。
淬礪師前哲，經營仗後賢。瀛洲欽捷足，一幟紀承先。

左七　　楊維仁

興詩眾志堅，一社萃英賢。譽望馳千里，源流溯百年。
廣邀風雅客，共琢瑾瑜篇。勝會揚新幟，欣教舊脈延。

右七左六十　　陳祖舜

壇築前清末，興騷九七秋。雅音宣雅道，瀛社冠瀛洲。
缽擊詩催逼，輪扶客唱酬。暮春成立會，林老獻鴻謀。

左八右三二　　許秉行

瀛島珠璣燦，昌詩建首功。錦文鑲豹蔚，正韻導鴻濛。
道啓詞章範，人懷雅頌風。社齡將百載，立案讚圓通。

右八左二三　　李舒揚

吟會中樞准，功成志不刪。社名懷海嶠，案字署臺灣。
首創花朝日，重盟丙戌間。新人新局面，鵬起壯河山。

右九　　黃仁虯

瀛社前賢創，星霜九七庚。改顏詩學會，立案稻江城。
鼓吹中興業，宣揚大漢聲。正三勤教化，璀璨瑞圖呈。

左十右六十　　蔡業成

老幹新枝茁，昌詩一脈延。傳薪期後秀，播種仰前賢。
創會人文萃，扶輪壁壘堅。今朝冠蓋盛，藻繪筆如椽。

右十左避　　莫月娥

瀛海珠羅盡，崢嶸孰與倫。全臺名更噪，歷屆史添新。
立案宏前景，傳詩不後人。期頤三載俟，再祝醉花辰。

左十一右二六　　林晏戎

臺灣瀛社立，全國鷺鷗聯。共策中興業，同揚大雅篇。
旗飄遮日月，缽響震山川。璀璨藍圖現，風騷百世延。

右十一左十七　　駱金榜

九七滄桑史，於今立案宣。洪公招雅士，林老統英賢。
勝會芝蘭契，昌詩翰墨緣。臺灣瀛社慶，浩氣貫雲天。

左十二右五二　蔡元直

詩學崇瀛社，春朝雅韻傳。開疆懷七老，衛道仰群賢。
啓篆聲名著，揚風教化宣。雍熙欣立案，會運燦中天。

右十二左四七　劉清河

插幟稻江邊，將逾一百年。騷風能不墜，筆陣銳還堅。
創社懷先哲，弘詩有上賢。今逢登籍慶，快詠鹿鳴篇。

右十三左二四　葉金全

倏經九七年，瀛社慶重編。學會新成立，詩懷久愈堅。
騷壇增彥秀，藝圃競香妍。奮翮群推力，高飛邁向前。

左十四　林劍鏢

瀛社三臺冠，如松萬仞栽。興詩宏國粹，矢志育英才。
道正蘭亭契，風淳海島開。賢儒承孔孟，鴻範永追陪。

右十四左四九　簡華祥

昌詩年九七，瀛社展雄圖。立案新機啓，敦盟大雅扶。
淵源臻八屆，翰采賽三都。寶島揚風日，騷壇德不孤。

左十五右四二　　葉世榮

老社新成立，揚風大有爲。騷壇培後秀，德業繼先師。
看展鴻圖日，欣題燕賀詩。蓬瀛尊祭酒，藝苑上高枝。

右十五左十九　　楊龍潭

中央來立案，瀛社氣干霄。百載人文盛，千秋翰墨昭。
揚風興國粹，醒世遏西潮。仰止誇林老，高瞻大任挑。

左十六　　翁正雄

瀛社千秋壯，騷壇鷗鷺親。旺年開大會，美酒宴嘉賓。
案立資源廣，功成氣派新。舉杯同慶祝，詩詠稻江春。

右十六左二八　　黃宏介

瀛社輝煌史，壇齡冠海東。傳詩譽巨擘，立案繼前功。
官署橋樑繫，藝盟聲氣同。欣欣綿會運，掌舵仰林翁。

右十七左五一　　陳則仁

幟揚將百載，立案慶初成。弘道開新局，傳薪繼舊盟。
同仁誇吐鳳，吟友羨登瀛。筆陣蓬萊冠，千秋社運亨。

右十八　　陳保琳

九七年前創，群儒勠闢疆。殷勤詩種播，竭智藝宣揚。
瀛社聲名著，臺灣姓字匡。林公君子範，接篆更恢張。

左十九　　蕭煥彩

九七齡瀛社，今朝立案成。騷壇揚正氣，志士發新聲。
筆擬潘江句，詩懷李杜情。廣交書畫友，待慶百年盟。

左二十右三三　　洪玉璋

瀛社懷初創，匆匆九七年。昌詩經八主，衛道仗群賢。
缽擊屯山外，旗飄淡水邊。改顏新立案，鯤島作中堅。

右二十左四四　　洪龍溪

臺灣詩學壯，瀛社作先鋒。成立旌旗豎，薪傳墨客逢。
圓山風引鳳，北市筆騰龍。弘道欽林老，豐功世所宗。

次唱：新　聲

左詞宗邱天來先生選
右詞宗劉清河先生選

左元　張麗美
大漢天聲未許陳，無邪風骨力求新。今朝瀛社騰朝氣，欣看斯文佈海濱。

右元左七　楊維仁
初試嬌喉趁錦春，枝頭巧囀醉佳辰。莫嫌黃口聲猶嫩，雛鳳清鳴韻最真。

左眼右三一　羅　尚
淡水屯山代有人，後來英傑筆傳神。聯珠唱玉光瀛社，不廢江河日日新。

右眼左十六　許欽南
筆力生花境闢新，縱橫凌氣不隨人。說長評短才思放，妙論能成天下春。

左花右十二　簡華祥
瀛社揚風近百春，翻彈雅調聽頻頻。不同凡響清音壯，寶島敦盟耳目新。

右花左六十　王　前
宏開盛會值濃春，瀛社於今骨換新。喜試初聲堅筆陣，騷朋齊頌寄情真。

左四右三二　林劍鏢
大雅匡扶壯志伸，籌成學會力傳新。逋仙再世揚吟韻，祭酒騷壇氣象新。

右四左二十　　李玲玲

多年枯木又逢春，巧舌佳音出俗塵。喚醒風流千古韻，啼聲初試勢驚人。

左五右十九　　陳麗華

立案欣今慶吉辰，鷗盟雅集吐詞真。吟情恰與鶯聲合，筆底雄文句鬥新。

右五左十　　陳賢儒

一脈相承大雅新，吟龍輩出育麒麟。清音化俗無權貴，聲續山河萬代春。

左六右避　　劉清河

詩詞歌曲意須新，鍊句誰堪耐苦辛。要似嬌鶯初出谷，吟來妙韻具天真。

右六　　廖明輝

化雪鶯啼傳古韻，騷壇此日最唐秦。桃花默默開千度，一代劉郎一代人。

右七左十三　　葉世榮

纔發詩聲動眾人，可教守舊每聞新。春雷一響驚天地，喚起雄心力萬鈞。

左八　　楊龍潭

磅礴天聲啓化人，豪吟大雅煥精神。欣看瀛社英才出，代代風騷句句新。

右八左五八　張錦雲
臺灣瀛社響聲新，丕振元音筆有神。格調清高揚大雅，願隨驥尾轉洪鈞。

左九右四八　蘇逢時
偶聞歌管唱陽春，飄緲新聲入耳頻。盛世元音揚大雅，儼然樂府出風塵。

右九左四一　林秀琹
瀛社於今立案新，騷朋雅集筆如神。飛來七字傳佳句，浩氣中興共獻身。

右十左五二　游振鏗
稻江春暖會騷人，舊友吟成雅韻新。共把清聲揚寶島，傳承文化有儔倫。

左十一右五八　陳兆康
盛事都門值暮春，雍熙景象正推陳。欣看瀛社宏規展，恰似嚶鳴韻佈新。

右十一左十四　張國裕
何異鶯喉囀早春，空前悅耳好音頻。壇壝聽似臚初唱，報出登瀛繼有人。

左十二右五七　翁正雄
詩旗一換慶更新，鷗鷺聯翩淡水濱。瀛社千秋長嘯傲，天教吾道起沉淪。

右十三左二三　　吳子健

元音磅礴稻江濱，雛鳳聲和鉢韻新。瀛社慶成詩學會，江山代有出才人。

左十四右三九　　陳保琳

舊店重開盡費神，更名立案利傳薪。詩詞古調音清妙，再發新聲壯志伸。

左十五　　吳東晟

同飲陳醪喜味辛，忽聞鶯語說陽春。莫愁風雅無人繼，自有鵷雛續火薪。

右十五左三八　　林瑞龍

花朝創社值良辰，立案重生慶暮春。管領風騷垂百載，金聲玉振日清新。

右十六左五十　　廖茂松

詩詞發展重求新，培育英才舊韻振。接續唐音揮漢幟，清聲歷創社風淳。

左十七右三八　　蕭焕彩

獨領騷壇近百春，宏觀瀛社會詩人。一新耳目鴻圖展，老幹枝榮志氣伸。

右十七左三四　　楊錦秀

瀛社鐘鳴日更新，題襟唱和鷺鷗親。匡時逸韻文瀾壯，滿眼生機萬里春。

左十八右四三　　姚　植

煙花四月滿紅塵，屐印圓山句鬥新。醉眼桃霞皆是錦，鶯聲不住喚詩人。

右十八左五一　　林麗珠

雲開雨霽柳迎春，瀛社今朝立案新。南北鷺鷗來祝賀，騷風再起八方珍。

左十九右二六　　蔡業成

綠戰紅酣正晚春，麥秋時節雨初勻。台灣瀛社欣成立，吐鳳雕龍琢句新。

右二十左二二　　洪玉璋

臺灣瀛社慶芳辰，初展吟喉樂主賓。朗朗清音揚正教，一番唱出一番新。

元春組例會六月二十五日於吉祥樓餐廳。值東：陳欽財、蔣孟樑、李政村、王　前、林麗珠、張埴爐、許欽南、許漢卿、曾銘輝、林瑞龍、蔡伯棟、廖茂松、唐玹權、楊錦秀、洪龍溪、周福南、張錦雲。

詩卷永留天地間

左詞宗　陳兆康
右　　　簡華祥　先生選

左元右十一　　黃明輝

雅客豪吟意自閒，生花夢筆豈容刪。少陵亂世憂君國，太白清平解聖顏。
文采飄然多仰慕，風流俊逸喜追攀。銜華佩實誠為貴，詩卷永留天地間。

右元左十三　　甄寶玉

歲月滔滔不復還，浮雲名利莫追攀。鏗金述志幽懷樂，振管怡情俗慮刪。
赤壁文章傳世代，蘭亭翰墨式塵寰。人生至寶為何物，詩卷永留天地間。

左眼右四一　　周福南

文心高節尚文山，正氣歌吟淚欲潸。月旦同評褒貶鑑，忠貞共濟聖儒頒。
清音長貫風塵際，詩卷永留天地間。萬派辭源歸漢統，化龍猿鶴範臺灣。

右眼左七　葛佑民

耆年出道步維艱，力薄難登二酉山。百代名家崇李杜，千鈞椽筆獻鍾顏。
書香浮動乾坤外，詩卷永留天地間。萬籟吟聲揚國粹，文章浩氣壯台灣。

左花右花　蘇逢時

瀛社嚶鳴異等閒，願教化俗嘆時艱。依仁古調弘儒道，游藝清詞步孔顏。
旗影飄揚蓬島外，鉢聲響徹稻江灣。葩經唱後騷經繼，詩卷永留天地間。

左四右二三　楊錦秀

學海神遊俗慮刪，文章逸境足追攀。時時研鍊工夫進，夜夜推敲覓句艱。
養性修真詞藻美，焚膏繼晷鬢絲斑。有朝脫穎揚眉日，詩卷永留天地間。

右四左三一　林麗珠

三百葩經至聖刪，千秋傳誦解癡頑。高風大雅詞人效，亮節離騷逸士攀。
正氣歌深論義憤，琵琶行泣訴時艱。興觀群怨紓靈性，詩卷永留天地間。

左五右十九　蔡業成

九六年前克萬艱，花朝創社眾歡顏。扶輪大雅開生面，鼓吹騷風不等閒。
物換星移新世紀，鍾靈毓秀北台灣。發榮滋長無時已，詩卷永留天地間。

右五　　　　　　　　　　　　洪淑珍

三百精微譽宇寰，歷經代代韻斑斕。清新魏晉襟懷逸，壯麗漢唐文藻嫺。
意趣優遊參造化，性靈陶冶展歡顏。於今藝苑吟風盛，詩卷永留天地間。

左六右九　　　　　　　　　　游振鏗

遣興高吟喜展顏，奚須借酒把愁刪。長年石室情殊苦，半榻幽窗意自閒。
淑世文章懷北海，修身道德仰東山。騷壇代有才人出，詩卷永留天地間。

右六左十六　　　　　　　　　林禎輝

文章久讀積如山，智慧淵深筆自嫺。雋逸王維歸佛道，清新李白列仙班。
精神頓脫形骸外，詩卷永留天地間。騷友切磋鋪錦繡，人生最樂句斑斕。

右七　　　　　　　　　　　　張耀仁

淺酌高吟俗慮刪，攤書有味覺身閒。岑岑聚散丹臺上，鷗鷺嬉娛綠水灣。
趙宋詞華堪寄傲，文公氣節合追攀。萬金難買楓橋句，詩卷永留天地間。

左八　　　　　　　　　　　　鄞　強

蔚起騷風百載還，盛名瀛社著臺灣。文章俊逸誰能匹，詞賦清新自不刪。
淡薄精神心脫俗，堅貞氣節志超凡。才華李杜辭華蘊，詩卷永留天地間。

右八左十四　許哲雄

文思撚鬚握管嫻，長存杜李句媥斕。書中任我乾坤轉，筆底由君日月刪。
士每翩翾趨翰苑，心多爛熳繫雲山。何求點墨遺千古，詩卷永留天地間。

左九右十七　駱金榜

聖學相承繼孔顏，書藏二酉好同攀。韓蘇異代文章府，李杜千秋風雅班。
玉振金聲黃仲則，儒修道統白香山。騷魂詞賦垂言教，詩卷永留天地間。

左十右三五　葉金全

歷經淬鍊幾增刪，詩卷永留天地間。李杜光芒垂史冊，岳文正氣壯河山。
千濤詞海無涯盡，萬里騷壇一路攀。博覽群書鷗侶伴，高吟消夏碧溪潺。

右十左二七　李玲玲

古今雅藻不容刪，詩卷永留天地間。感物抒情心織錦，裁章琢句髮成斑。
子瞻豪放焉能比，太白飄然豈可攀。雪月風花何足貴，離騷一曲絕人寰。

次唱：讀書樂

左詞宗　翁正雄
右詞宗　洪玉璋　先生選

左元右三九　廖茂松
人生最樂讀書翁，展卷晨昏似學童。智慧由來無此快，精明事理受尊崇。

右元左三一　李玲玲
詩書禮樂啓蒙童，理察心存萬類通。夜誦晨吟難釋卷，且拋俗慮樂其中。

左眼右二七　王　前
一書在手樂無窮，卷裡藏金似寶宮。靜讀清神增智識，光門耀祖展儒風。

右眼左四　蔣夢龍
晨昏展卷樂無窮，經史詩書性理融。垂老猶欣親鄴架，芸窗寄傲挹香風。

左花右花　李宗波
銳志經書興不窮，夜溫晨誦意融融。有朝一榜魁天下，始信三餘大有功。

右四左十九　楊東慶
青燈黃卷四時攻，汲汲三餘興未窮。今古聖賢心意會，斯文妙趣不言中。

左五右十七　洪龍溪

史藉經書勉力攻，案前展卷樂無窮。一吟一讀襟懷爽，聖教千秋化育功。

右五左十三　周福南

沕穆無邊學未窮，包羅萬象貫西東。人生最樂君知否，一卷佳章啓塞蒙。

左六右十　洪世謀

風簷展讀五經攻，內蘊斯文樂寸衷。喜對聖賢明禮教，焚膏繼晷興無窮。

右六左二三　唐玹權

千般享樂轉頭空，唯有研書學識豐。夜誦晨吟忘俗慮，胸羅萬卷受尊崇。

左七右十八　姚啟甲

窗前展卷讀書翁，金屋無求樂似童。最愛經詩朝夕伴，歡欣勵學四時同。

右七左四四　蘇逢時

三墳五典史經攻，窗下年年樂靡窮。莫笑青衿憑彩管，千軍橫掃氣如虹。

左八右十四　蕭煥彩

小齋吟誦筆耕中，惑解無疑樂不窮。得趣忘機還濟眾，詩書滿腹振文風。

右八左十八　　　　　　　　　　　　　　　　　　　　　邱進丁

閒來把卷樂其中，研讀詩書志一同。易禮春秋傳教化，賢文寓理味無窮。

左九右四二　　　　　　　　　　　　　　　　　　　　蘇心絃

眉山世胄重家風，歷代書香德望隆。苦讀虛心崇聖訓，蘇潮韓海樂融融。

右九左四七　　　　　　　　　　　　　　　　　　　　羅　尚

三更燈火透窗紅，把盞溫經正苦攻。他日名登龍虎榜，安邦定亂立殊功。

左十右二二　　　　　　　　　　　　　　　　　　　　林麗珠

從來開卷最融通，學海無涯樂未窮。一冊詩書素齋裡，夏涼冬暖賞心同。

端陽組例會八月二十日於吉祥樓餐廳舉開。出席六十餘人，值東：林正三、張耀仁、歐陽開代、洪世謀、洪淑珍、吳茂盛、張民選、陳碧霞、陳麗卿、陳麗華、游振鏗、蔡業成、陳榮砡、吳國風、林惠如、楊志堅、姚啓甲。

所思

左詞宗許欽南
右　　劉清河先生選

左元右十　　葉金全

竹潭清澈韻鏗鏘，詩學薪傳講課忙。幾處栽苗桃李盛，百年樹木梓枏香。
聆聽十載遺音在，灌錄千時碟片藏。瑰寶長留滋弟子，永懷植老澤流芳。

右元左三五　　許哲雄

少懷名利總蹉跎，老却窮途絕蔦蘿。憤世搖唇亡社稷，憂時託足遯山河。
心孤莫冀三年艾，耳順偏聞五子歌。豈意封侯非作鯁，惟期鼎鼐有廉頗。

左眼右四　　葉昌嶽

日夜思親欲斷魂，離鄉那得奉晨昏。半生戎馬雲無跡，萬里關河夢有痕。
賴有詩情聊作伴，儘多畫意合長存。男兒壯志承先澤，欲展雄圖報國恩。

右眼左十六　　陳麗華

憂患如山未肯平，誰司亂象問蒼生。閒情偶寄增清氣，麗藻新嘗變徵聲。
壯志難成千里馬，丈夫豈爲五侯鯖。圖強自古文人計，國運還期萬象亨。

左花　　李玲玲

梅嶺重遊憶舊知，幾春一別利名羈。山高路遠鴻書返，心契神交雅興隨。
昔日縱談遭白眼，今朝回想破愁眉。天涯海角情還在，欲折芳馨遺所思。

右花左二十　羅　尚

眼中流矢送年華，弔古懷人每怨嗟。萬姓相期能富國，高層遺憾不齊家。
唐賢得句堪師法，我輩臨文或自誇。憶昔民心平似水，如今政局亂如麻。

左四右十九　古　槐

槐陰獨坐暗思量，望斷雲山倍感傷。冷眼人間猶擾攘，內憂世態起徬徨。
哀今道失愁騷客，太息貪求愧趙郎。願待風迴塵掃盡，天留公理義伸張。

左五右七　洪玉璋

與世浮沉有所思，憂家憂國夜眠遲。夢縈似海波難靜，身轉如蓬力不支。
厭聽鴉聲頻亂耳，悵看日影迅斜時。政壇譎詐今彌甚，虎鬪龍爭社稷危。

右五左十　洪淑珍

閱歷方知冷暖情，慣看趨勢喜逢迎。持身守拙惟輕利，交友純真重至誠。
老去神馳聲律美，閒來興寄管絃清。蝸廬恬適虛華少，直欲窮經過一生。

左六右二九　葛佑民

欲問歸期未有期，鄉關萬里夢魂馳。偏安寶島勤攻史，晚進騷壇苦學詩。
鹿港文開恢舊業，台灣瀛社譜新詞。才疏識淺難爲繼，搜索枯腸費所思。

右六左避　　許欽南

客情難遣夜迢迢，搔首西樓念遠超。多病自憐虛白晝，思君無計度深宵。
山重水複音書滯，月朗風清雁影遙。回憶當年分手處，滿天霜葉落河橋。

左七　　古自立

朵朵芳華爲孰開？幽幽曲徑暗香來。無情道被多情誤，篤志憑依繼志催。
意寄天涯思遠處，心存故記待新梅。崢嶸歲月期何以，不若凡塵酒一杯。

左八右二七　　陳碧霞

常存願景望成功，有志勤耕歲必豐。踏實謙卑誠俊傑，輕浮氣盛豈英雄。
溫馨社會人人樂，仁德家邦事事融。莫效石崇求富貴，祇知盡力遂初衷。

右八左二八　　高銘貴

皎月和風四野清，琴書悅性鑑人情。香聞老酒閒中飲，妙覺新詩樂處生。
高節東陵抛宦海，虛懷北谷出鄉評。忘機未許沾瑕釁，喜締千秋瀛社盟。

左九右二六　　黃廖碧華

慈母臨終贈女詩，深藏寓意兩相知。潛心研究玄機解，奮志圖謀奧理推。
吟咏古文能繼續，承傳家學莫遲疑。祖宗珠玉勤搜集，編彙成書慰我思。

右九左二四　　李珮玉

晨起梳頭對鏡妝，端詳不覺令神傷。幾番欲把胭脂抹，兩鬢終難白髮藏。
昔往營營干食祿，邇來亟亟學詞章。暮年豈畏朱顏改，自有高懷錦繡腸。

次唱：秋　懷

左詞宗蘇逢時先生選
右　康濟時

左元右八　　陳麗華

客詠三秋翰墨娛，喜抛塵事到江衢。襟懷欲托秋聲賦，自笑耽詩一俗儒。

右元左三十　　翁正雄

愛國情深屬我儒，興觀遣句怨仍須。感懷秋賦蓬萊島，爭問生民樂利無。

左眼右三四　　羅　尚

商聲昨夜到庭梧，睡起開門月滿湖。引起江南十里夢，不如歸去就蓴鱸。

右眼左二六　　張錦雲

西傾斗指火流殊，國亂群黎志待扶。腸斷騁懷崇宋玉，揮毫儘把百魔驅。

左花右十七　林瑞龍
庭桐疏雨葉黃枯，燕去樓空景物殊。露重姮娥知我意，允將千里寄情孤。

右花左十八　陳賢儒
碧雲秋淨萃賢儒，菊日聯盟分兩區。一酒一篇詩滿腹，拈來落葉寫璣珠。

左四右七　蕭焕彩
金風吹遍淡江隅，寄傲南窗賦自娛。不做趨炎名利客，閒雲野鶴一寒儒。

右四左三二　歐陽開代
蕭瑟金風月色矐，亂蛩如雨擾蓬壺，六年旗易龍蛇舞，四壁秋寒望睿儒。

左五右十三　林振盛
倚大尖山望市區，古人名蹟久模糊。清修道院方初建，共挽頹風顯一隅。

右五左三六　李宗波
落木聲中歲又枯，白頭偏負骨稜扶。幽香領略疏籬菊，品節雙修淡獨殊。

左六右十六　葉金全
蘭馨桂馥露沾濡，夜色雖深酒滿壺，正是金風懷故友，相邀重九會枌榆。

右六左四十　劉清河

梧桐樹下一迂儒，電視機開每嘆吁。惱向西風問消息，臺灣何日政爭無？

左七右三十　洪淑珍

金桂飄香淡欲無，樓頭清影映身孤。慨歎歲月催人老，何日鵬飛展壯圖。

左八右三五　林禎輝

秋來萬事汝知乎，但喜炎天氣漸無。懷念年年圓滿月，一家歡聚在庭隅。

左九右三二　洪龍溪

東籬菊綻似金鋪，畫意詩情引興愉。皓月橫空多皎潔，西風惹我憶蓴鱸。

右九左三八　張埴爐

金風拂面此心愉，露下庭梧葉漸枯。政治紛爭別藍綠，中秋明月笑人愚。

左十右二八　李珮玉

風月雙清拂柳株，蛩聲唧唧鬧庭隅。幽懷豈怕人紛擾，對酒題詩興不孤。

右十左避　蘇逢時

羅胸未爽苦吟軀，旅舍孤燈孰共愉。十里西風千里月，不知長照愛人無。

中秋組例會十月二十二日於基隆市月眉山靈泉禪寺舉開。值東：林振盛、許哲雄、葉金全、許又勻、甄寶玉、李珮玉、林禎輝、洪玉璋、陳炳澤、黃天賜、黃廖碧華、駱金榜、蘇逢時、高銘貴、林李玲玲、黃明輝、王尙義。

望海

左 詞宗 王前 詞長選
右 陳麗卿

左元右十四 洪玉璋

極目滄溟壯，狂濤去復還。聲疑人擊鼓，勢若雪崩山。
浪濺防堤外，舟沉反掌間。鄭和經歷險，航史不容刪。

右元 林瑞龍

秋日臨滄海，馳思世事遷。之罘秦古蹟，碣石魏遺篇。
狂浪猶奔馬，梟雄化碎煙。波濤空幻變，幾度易桑田。

左眼右五 甄寶玉

山亭觀北海，浩瀚碧連天。湧起千堆雪，迎來萬里船。
人生如粟米，世事幻桑田。不若閒鷗鷺，忘機樂自然。

右眼左避　　古　槐

振衣吾直上，氣爽眼簾開。杙嶼雲光散，奎山雨意催。
驚濤迷遠岸，怒海隱奔雷。天變紅潮湧，兼風捲浪來。

左花右九　　許欽南

獨立基津望，風光豁兩眸。落霞明夕照，孤鶩入滄洲。
勢捲群鼇吼，聲雄萬馬啾。塔燈輝海岸，能引去來舟。

右花左四五　　陳保琳

浮花翻地軸，飛鳥剪穹窿。浪逐蒼茫際，雲飄碧落中。
扶輪期志士，穩舵賴豪雄。赤禍餘波盪，誰施靖海功。

左四右十六　　陳兆康

海門秋景麗，禮佛月眉山。注目鯨波湧，遙觀鷺影閒。
漁歌聽曲岸，艦笛響江關。一望長天碧，如詩似畫間。

右四左十六　　簡華祥

灘頭人望遠，水色入滄茫。有信知潮汐，能容識海洋。
往來舟楫濟，載覆浪濤颺。近世風波烈，乘桴覓道鄉。

左五右十一　邱天來

海不揚波日，能容大小舟。世情同變幻，人事視沉浮。
潮汐時徵信，魚鹽利可求。觀瀾真灑落，要許近閑鷗。

左六右十九　張耀仁

滔滔千萬頃，極目海連天。拍岸狂瀾急，升空旭日妍。
芳洲斜渡鳥，曲港直歸船。島國繁航路，通商獨占先。

右六左三二　李珮玉

月眉山頂眺，入目海清妍。碧水千輪渡，蒼穹一線連。
鰲龍翻浪捲，風雨攪渦旋。無底藏丘壑，有容納百川。

左七右七　洪淑珍

遠眺海門東，滄溟浴日紅。水天銜巨嶼，鷗鷺舞清風。
眩眼波光灩，蕩胸濤韻雄。漫漫深莫測，小我感無窮。

左八右十八　駱金榜

秋望龜山島，登臨遠市囂。洪波迴地軸，孤嶼映雲霄。
落日驚濤上，浮天駭浪飆。狂瀾衝岸壁，澎湃去來潮。

右八左二二　　　高銘貴

浪激千岩動，翻騰勢若龍。風迴帆嫋娜，雲斂鳥從容。
旅夢連天遠，鄉情隔海濃。詩翁盤石上，靜望定如鐘。

左九右四四　　　鄞　強

雨港蒼茫外，凝眸雅客來。人遊雞嶺畔，艦泊鱟江隈。
浪板衝濤湧，漁舟鼓棹迴。金波翻爛漫，煙鎖蘊詩材。

左十右三一　　　許哲雄

遙顧三山外，騰龍睥怒鯨。鰲梁浮一粟，蜃市眩雙睛。
轉眼桑田變，回頭蓬島明。曾勞徐福渡，萬里覓長生。

右十左十四　　　楊東慶

爲避塵囂擾，忘情碧海中。北關迎浪白，龜嶼映霞紅。
放眼千濤湧，開懷萬慮空。蒼茫天地渺，得失付秋風。

次唱：靈泉寺紀遊

左詞宗簡華祥先生選
右　　姚孝彥

左元右元　許欽南
遠上靈泉不計程，最欣方丈笑相迎。煙霞深處清遊好，詩趣禪機筆底生。

左眼右八　蘇逢時
結伴來遊締鷺盟，月眉古寺聽鐘聲。靈泉一滴如甘露，灑向人間澤眾生。

右眼左四二　許哲雄
飛轂靈泉帶筆行，蓮宮隱翠落雲英。禪風法雨濡芒屩，但借芳齋點目成。

左花右三八　古　槐
勝日登臨契雅盟，靈泉寺訪老僧迎。禪門一到塵心淨，不負今朝作此行。

右花左四　陳麗卿
涼秋聯袂月眉行，一脈靈泉眼底橫。寺遠紅塵飛不到，禪機悟徹道心生。

右四左二八　陳麗華
靈泉寶寺萃鷗盟，紀勝風光咳唾成。幽絕山中消俗慮，秋容收拾入吟情。

左五右九　邱天來

一角叢林會鷺盟，峰迴路轉鳥相迎。詩家情契靈泉寺，吟味欣收法界清。

右五左十六　洪玉璋

月眉山峻景幽清，入耳靈泉激石鳴。梵宇人來沾法喜，塵心頓悟與禪盟。

左六右二三　蔡業成

月眉覽勝締詩盟，十里靈泉遶寺行。禮佛今朝虔茹素，木魚清磬寄吟情。

右六左十九　姚啟甲

尋詩鷗鷺月眉行，寺淨泉靈麗句生。洗盡塵囂沾紫氣，回頭頓悟恥功名。

左七右十四　許又勻

靈泉毓秀瑞光呈，淑世禪風久慕名。最喜今朝群鷺聚，方知儒釋可同耕。

右七左二二　徐世澤

月眉山寺報鐘聲，曲徑濃陰引我行。喜見靈泉如蜜汁，消除俗慮動吟情，

左八右三五　洪淑珍

寶刹靈泉遠著名，鷗儔頂禮佛心生。上人緬憶淵源厚，鐘梵悠悠繫我情。

左九右十八　葉金全

靈泉寶刹鉢鐘鳴，瀛社騷儔結伴行。聆聽百年前輩事，月眉山上滿詩聲。

左十右二七　陳保琳

靈泉謁聖樹吟旌，寶刹莊嚴玉殿清。妙締因緣迎鷺侶，同沾法喜爽遊情。

右十左二九　李珮玉

秋高鷺友月眉行，禪寺幽然俗慮清。虔拜燃香祈我佛，靈泉不絕渡蒼生。

冬至組例會九十六年元月十四日於吉祥樓餐廳舉開。值東：翁正雄、李宗波、康濟時、賴添雲、陳漢津、邱進丁、徐世澤、許文彬、許秉行、葛佑民、鄞　強、蕭煥彩、蘇心絃、張建華、鄭貴真、陳保琳、楊東慶。

冬日即事

左詞宗蘇逢時
右詞宗蔣夢龍　先生選

左元右五　洪玉璋

百年罕見暖冬時，草木欣欣別有姿。引我吟魂天外去，抛人梅影月西移。

愁來只爲無佳釀，興至其如有好詩。可賀北高新市長，一英雄配一英雌。

右元左十一　林瑞龍

凜冽凄風昨轉溫，簷前凍雀噪朝暾。負暄騁目山林寂，信步馳思世事煩。
杜甫憫寒懷廣廈，袁安達理臥閒門。綠藍惡鬥猶霜雪，何罪蒼生受苦冤。

左眼右花　陳碧霞

橘綠橙黃黑帝臨，衣襟早覺酷寒侵。庭園猶恐嚴霜覆，政局何堪冷雨淋。
人未拋離塵世夢，月仍照徹古今心。傍窗曝背饒餘興，靜賞梅花帶雪吟。

右眼左三八　葉金全

催人臘鼓朔風聲，回顧今秋倒扁爭。霸道紅衫群蟻竄，圍城赤幟眾心驚。
三臺紛擾何時息，兩黨喧嘩幾載平。送去寒流迎淑氣，藍天綠地共滋榮。

左花右四三　駱金榜

朔風凜冽又臨冬，獨步屯山展笑容。郊野尋梅詩興逸，嶺頭賞雪雅情濃。
窗前曝背鄰翁共，燈下圍爐親友從。但願雲開光稻渚，堯天舜日爽吟胸。

左四右十七　李玲玲

陰壓雲低濕嶺梅，怒號風勁綺窗開。霜凝露重肌膚凍，榻冷燈寒詩酒陪。
擁絮嫌單噓暖氣，圍爐添炭動飛灰。更長晝短三餘惜，靜待南枝報信來。

右四左八　李珮玉

寒氣侵來凍齒唇，避居陋室與書親。憑窗對月吟詩樂，伏案潛心展卷頻。
富貴功名非所欲，老莊李杜乃吾珍。振衣喜赴鷗盟宴，且把壺傾敬雅賓。

左五右三一　游振鏗

臘梅待放展芳情，節序匆匆寸晷更。冷逼幽齋愁一線，光回大地喜初晴。
欣隨益友參同契，幸得良師啓迪精。自古文章無捷徑，三餘攻苦有誰爭。

左六右二二　李政村

冬陽曝背暖心開，獨上雞山賞艷梅。起落人生途掙扎，浮沉苦海岸徘徊。
超凡即事三餐食，謹慎耕耘五路財。處世無能勤勵學，興家愛國導英才。

右六左四二　羅　尚

紅衫百萬散如煙，反挺相爭未破堅。得鹿不由人力眾，題詩參透箇中玄。
一杯交屬消寒酒，百姓空望大有年。娛老讀書兼鬥句，與君同是大洲仙。

左七右四四　陳麗卿

西風無力繫秋光，黑帝司權感靡疆。壓境寒流何凜冽，賑災冷血異尋常。
工商並起民生富，朝野融和國勢強。破臘南枝欣綻蕊，深祈蓬島邁康莊。

右七左三一　古自立

啓節如常又歲寒，誰憐百姓苦難安？紛紜政事無從管，起落油資更可歎。
巨廈跨年煙火麗，遊民乞食雨風酸。來年願比今冬好，筆下詞章盡是歡。

右八左三五　陳欽財

時臻黑帝掌中天，冬日霜花即事連。陳馬官司登解密，北高市長止爭煙。
飛揚口水黔黎苦，犯濫紅潮社稷憐。惟有書生恆志讀，溫流砥柱卻寒年。

左九右十　蔡業成

年冬短晷遇寒流，多少無衣卒歲憂。一襲綈袍已奢望，千間廣廈更難求。
深宵煮酒消長夜，曲徑尋梅紀勝遊。冷豔臨風呈傲骨，傳春信息暗香浮。

右九左十二　陳麗華

一角蝸居逸興多，隆冬梅萼助吟哦。偷閒歲月容杯酒，得趣文章勝綺羅。
筆底呼風詩緒豁，櫪邊伏驥鬢毛皤。平生且勵圖南志，報國屠龍劍待磨。

左十右避　蔣夢龍

窗外寒風拂樹搖，年逢冬末雨瀟瀟。猶欣騷客敲詩句，倦看通街鬧政潮。
宿願惟求粗體健，偷閒敢卻舊朋邀。虔祈來歲迎春日，舉國平和惡鬭消。

次唱：力霸風暴

左詞宗蔡業成
右詞宗林正三先生選

左元右二四　楊錦秀
力霸掏空豈不知，有司姑息養奸時。鯨吞巨款逍遙去，政府無能百姓悲。

右元左三二　洪淑珍
奸商擅舞鉅金移，超貸掏空盡爲私。力霸風波非一日，廟堂善策是深期。

左眼右十二　陳麗華
幾代蓬瀛霸業基，經營今日見興衰。掏空國庫肥家庫。信義無存劇可悲。

右眼左十八　洪龍溪
力霸集團風暴吹，掏空國庫亂邦基。願吾政府應嚴辦，穩握金融眾所期。

左花　陳碧霞
力霸搜財道義虧，資金詐騙暴風吹。掏空百億全民償，禍首王家恥不知。

右花左四　李玲玲
金融失序國基危，無德奸商五鬼移。力霸掏空風暴起，財經整頓萬民期。

右四左九　　葉昌嶽
金融乃是國之基，力霸掏空財政危。擠兌風波民意失，嚴將法辦振綱維。

左五右二七　　游振鏗
叱咤商場得意時，肥家禍國庫銀虧。鉅金進陸風波起，動盪財經孰解危。

右五左三一　　李珮玉
數次工商領帥麾，卻將企業暗搬移。財經擾動員工苦，只爲貪圖一己私。

左六右四十　　駱金榜
巨賈奸商已早知，金融機構竟循私。中華力霸掏空盡，億萬錢財國外移。

右六左二五　　楊東慶
掏空國庫任非爲，罪孽滔天萬世嗤。除惡誅奸須務盡，契機改革正當時。

左七右二六　　蕭煥彩
錢投大陸吸民脂，力霸虧空動國基。勾結官商千億貸，債留蓬島臭名垂。

右七左二四　　葛佑民
奸商舉報已嫌遲，力霸歪風暴發時，檢調機關疑放水，債留寶島背良知。

左八右二八　李政村

力霸資金急轉移，銀行管理使民疑。錢投境外人逃匿，債累臺灣損國基。

右八左三三　邱進丁

財團超貸審非宜，風暴傳聞舉世知。百姓無辜添負債，官商勾結最胡爲。

右九左三四　古　槐

治政無能劇可悲，任教力霸汲民脂。掏空國庫虧千億，巨債留臺款外移。

左十右四三　張耀仁

力霸存心敗國基，竊金百億敵邦移。臺灣血本經掏盡，罪惡滔天實可嗤。

右十左避　蔡業成

政商兩地立丕基，覆雨翻雲任所之。一旦技窮逃海外，同胞受累最堪悲。

九十六年度丁亥

元春組例會三月十一日於吉祥樓餐廳。出席約五十餘人。值東：陳欽財、蔣孟樑、李政村、張錦雲、王　前、林麗珠、張埴爐、許欽南、曾銘輝、蔡伯棟、林瑞龍、廖茂松、唐玹櫂、楊錦秀、洪龍溪、周福南。

春訊

左詞宗　洪玉璋

右詞宗　康濟時　先生選

左元右十　陳麗卿

信有花風報，先他驛使來。新鶯喉乍轉，嫩柳眼初開。探勝懷和靖，遊園憶子才。如斯詩畫境，焉用問春回。

右元左七　翁正雄

金豬來送喜，蓬島又逢春。淑景桃花嫩，韶光柳葉新。名家爭作賦，妙句自傳神。感時城外路，還憶草堂身。

左眼右十四　甄寶玉
南枝才破萼，大地洩春光。水暖幽禽樂，風和綠柳揚。
不時聞燕語，行處有花香。莫負東君意，裁詩別有腸。

右眼左三三　張錦雲
雪消還嶺翠，花樹蝶蜂侔。雨潤千機錦，鶯鳴萬籟悠。
勤耕興國庫，立計趁年頭。亥歲天燈起，熙熙啓孟陬。

左花　林瑞龍
大地春回暖，欣呈萬象妍。微風梅播馥，細雨柳含煙。
恰恰黃鶯囀，翩翩白蝶旋。蓬瀛凝淑氣，預兆太平年。

右花左四　陳麗華
一枝先報歲，鵲喜兆年豐。柳眼含煙綠，花容映日紅。
鶯歌三疊曲，燕舞二南風。莫道瀛洲遠，潮來兩岸通。

右四　唐玹櫂
東帝驅寒意，和風壯麗鄉。繽紛花織錦，清沁水流長。
千機隨氣轉，萬物覺春狂。送犬迎豬樂，芃芃客思揚。

左五　　蕭煥彩

陽明春信早，蜂蝶已先知。暖日催紅綻，和風送綠滋。
花間邀共飲，月下寄相思。破曉探消息，梅開第一枝。

右五　　李春榮

問春自何至，每趁一陽生。閬苑花方苾，郊原草未榮。
欲追騷客去，來伴麗人行。怎得知消息，言從出谷鶯。

左六右十三　　蘇心紘

丁年春又至，喜見百花開。撲蝶兒童願，斟醇老者陪。
誑言非善策，庶事仗賢才。萬衆同呵護，能教德政推。

右六左三二　　姚啟甲

弄晴鶯百囀，訊報玉山春。日暖芳洲媚，風番柳岸新。
師雄嬉美夢，和靖樂天真。喜識花魁出，尋詩李杜鄰。

右七　　洪嘉惠

駘蕩山河麗，金豬兆福長。鶯來歌雅曲，梅綻播清香。
景氣回春盛，寒流送歲颺。東皇捎喜訊，佑我固金湯。

左八右三四　　李宗波

春暖傳芳訊，韶光遍大千。河山欣復旦，梅柳喜含煙。
淑氣臨門早，祥雲潤物先。聖朝歌盛世，合祝太平年。

右八左十三　　蘇逢時

玉梅傳首訊，氣轉小桃紅。治酒迎青帝，題詩步寇公。
黃鶯鳴翠柳，紫燕剪晴空。爲頌春消息，悠揚藻思雄。

左九右十二　　楊東慶

淑氣轉鴻鈞，蓬萊景運新。庭梅傳喜訊，堤柳拂香塵。
漫步歌三祝，忘懷月一輪。山河欣復旦，快意屬騷人。

右九左二一　　洪淑珍

番風連夜發，凍色解今朝。林外鶯喉嫩，堤邊柳眼嬌。
律回山似笑，日暖景偏饒。信息憑誰報，一枝驛使遙。

左十　　許又勻

東皇循律轉，風暖拂南枝。庭苑紅葩展，郊原碧草滋。
凝聽鶯報訊，佇賞柳飄絲。淑景繽紛裡，騷人興賦詩。

次唱：心花

左詞宗楊振福先生選
右詞宗翁正雄先生選

左元右眼　許欽南

此花原與眾花殊，不怕蜂針並蝶鬚。開在靈台方寸裡，歡時綻放怒時無。

右元左十七　甄寶玉

平生詩夢有藍圖，春日耕耘不敢蕪。勿忘時時勤灌溉，他朝花綻錦成鋪。

左眼右二十　林瑞龍

人心本似一花株，風雨陰晴瞬息殊。日日安恬和氣養，徐舒吐放自欣愉。

左花右二三　陳賢儒

婆娑論辨始終無，覺路追真大丈夫。恕放人生諸事順，一花萬葉證殊圖。

右花左四　康濟時

不與尋常爭綺麗，胡教風雨損紅朱。心花開似春花展，一社興詩起壯圖。

右四左二七　蕭焕彩

金豬報喜瑞霞敷，大地迎春景色殊。詩酒聯歡心怒放，筆花競吐學三蘇。

左五右十七　陳保琳

能屈能伸大丈夫，浮生半世寄須臾。嫣然一笑心花綻，萬慮清除性婉愉。

右五　葉昌嶽

社會尊民茁智夫，真誠服務有鴻圖。心花開在掄元刻，一掃陰霾盡喜呼。

左六右十九　洪玉璋

心花怒放筆花俱，味獨芬芳藻彩殊。開遍四時呈臉上，羨他丹艷一塵無。

右六　黃天賜

如魚得水久歡愉，漫笑吾儕道不孤。一待花開遍天下，五宗七葉豈殊途。

左七右十一　黃祖蔭

大塊誰言是畫圖，千山萬水太糊塗。開襟自有三千界，錦繡芬芳自不殊。

右七　蔣夢龍

靈臺怒放化千株，肉眼觀來總覺無。不似人間桃李艷，胸中朵朵自歡愉。

左八右避　　翁正雄

雅集江樓德不孤，詩無旁騖盡鴻儒。百年瀛社千秋史，濟濟人才展壯圖。

右八左十四　　李宗波

靈臺自孕自怡愉，一室玲瓏品獨殊。錦繡乾坤方寸裡，知時開放證真無。

左九右十四　　陳麗卿

縱眸桃李遍城隅，撩得靈臺軟似酥。我欲邀朋花下醉，多情韶景更歡愉。

右九左二十　　洪淑珍

春風拂到爽身軀，蘊育心田意境殊。朵朵芬芳開智蕊，今朝吐彩墨頻濡。

左十右三　　蔡柏棟

春風送暖入屠蘇，豁達胸懷俗慮無。錦繡乾坤聊自賞，心怡醉畫輞川圖。

右十　　游振鏗

烹經煮史淨心湖，得意深藏影不孤。最愜詩情看怒放，滿園春色暢微軀。

第一屆第二次會員大會四月一日於吉祥樓餐廳。出席七十七人。

鵑城之美

左詞宗李春榮
右　　陳榮弡　先生選

擬作　陳榮弡

鵑花如錦織都城，三月韶華照眼明。客至觀光迷秀色，人來驚艷蕩騷情。
崇樓傲世凌雲聳，奎府揚風奕葉賡。五彩繽紛饒市景，堪誇綺麗冠蓬瀛。

擬作　賴添雲

雙河如帶水源長，茂樹繁花夾路香。沸沸陽明泉熱湧，啾啾關渡鳥輕翔。
故宮文物珍千載，劇院聲光炫兩廂，捷運全台誇第一，鵑城信是好家鄉。

左元右八　楊錦秀

躑躅繽紛照眼明，惠風和暢麗鵑城。交通便捷街衢美，科技先驅網路榮。
遊賞琳宮談盛事，徘徊古蹟發幽情。人文薈萃揚寰宇，好景怡心到處迎。

右元左眼　許哲雄

北邑嫣紅豔九隅，年年啼血染花都。樓臺巷裡芬芳地，車馬聲中錦繡圖。
景勝武陵稱樂土，人懷金谷望康衢。如歸仁里山河麗，一縷春魂萬蕊朱。

右眼左四　林麗珠

北城三月杜鵑回，喚得千叢萬朵開。山徑竹欄如噴火，林園衢道若燃煤。
擎天巨廈高稱冠，遍地春光豔占魁。淳樸民風好賓客，遊人接踵八方來。

左花右九　蔣孟樑

春風浩蕩麗鵑城，萬國衣冠競美名。屯嶺崔巍誇毓秀，淡江環抱蘊精英。
人才薈萃文風盛，經濟豐隆事業榮。躑躅花開堪駐足，嫣紅姹紫富溫情。

右花左二二　李宗波

北台名勝冠瀛東，藻繪鵑城淑氣融。放眼稻江千浪碧，回眸草嶺百花紅。
春含窈窕芳枝艷，人愛繁華景象雄。絕好高樓一零一，登臨彷在太空中。

右四　林正男

白紅一片郁街衢，春到北台鶯燕愉。草嶺雲高園樹翠，稻江水灩岸樓朱。
巍巍統府翻朝幟，美美士林誇夜珠。浪靜庭清家睦日，庶黎歌舞勝唐虞。

左五　　　甄寶玉

首善之都話北城，鵑花爛漫笑相迎。草山泉浴凡憂盡，淡水霞飛瑞氣生。
捷運交通稱利便，人文詩社薈菁英。壹零壹廈新標的，巍冠全球享盛名。

右五　　　張民選

嫣紅姹紫杜鵑妍，艷綴都城境似仙。山水有情招遠客，風光無限萃時賢。
學興庠序人文盛，政擁樞衡歲月綿。試看新標一零一，稻津勝概壯坤乾。

左六右七　　　許欽南

名揚寶島入詩篇，春滿陽明別有天。至善園中人似鯽，來青閣畔柳含煙。
紅櫻遙映屯峰外，暮靄低垂淡水邊。曠代奇珍文物麗，鵑城風月更嬋娟。

右六左十三　　　洪嘉惠

城誇首善點塵無，翠染草山摩詰圖。冷地焙溫雕玉宇，杜鵑吐艷譽花都。
風情醇釀三台醉，藝氣香飄四海愉。錦繡稻江松嶺月，登樓照眼燦如珠。

左七右二四　　　游振鏗

承恩門北七星陲，西近稻江帆影移。三月韶光花爛漫，萬家燈火夜迷離。
縱橫捷運迎風騁，聳拔崇樓舉世知。締造鵑城榮景象，人來覽勝復題詩。

左八右十一　陳麗華

層巒疊翠擁鵑城，詩畫都從眼底生。歷世龍峒留勝跡，流風孔廟育精英。
淡江瀲灩波搖月，草嶺交加柳拂鶯。萬象迎眸皆錦繡，愧無妙筆寫真情。

左九右三十　蔡業成

都城三月杜鵑開，國際觀光客沓來。捷運縱橫頻往返，景觀密集任徘徊。
高樓大廈連雲起，綠樹紅花夾道栽。文化園區尊首府，地靈人傑毓英才。

左十右三五　葛佑民

都城璀璨美花朝，紅白鵑開北市標。蝶舞芳菲春日暖，鳥啼布穀夏天驕。
萬商雲集財豐足，百業昌隆物富饒。樂利民生安社稷，人間淨土任逍遙。

右十左十八　陳麗卿

雙河迤邐群山抱，蘊育鵑城絕世姿。猴嶺訪仙陳俎豆，龍峒詣聖仰威儀。
六街樹翠如屏列，四季花紅似錦披。薈萃人文誇首善，全民護惜莫遲疑。

次唱：民　聲

左詞宗王　前
右詞宗劉清河　先生選

左元右二三　洪嘉惠
官箴景氣盡低迷，民怨聲聲帶血啼。淚頌貞觀風範遠，天聽早達吐虹霓。

右元左六　洪龍溪
國家多難萬民悽，經濟衰微景氣低。朝野紛爭聲怨急，伊誰奮起恤烝黎。

左眼右十一　蘇心紘
民生塗炭感悽悽，社會難安苦庶黎。若要匡時還濟世，有司檢點溯思齊。

右眼左三八　廖茂松
民聲喜得政和題，事契人心法治齊。制密官清興百利，康強淑世樂安黎。

左花右二五　蔣孟樑
貧富偏差嘆不齊，民聲騰沸滿街蹊。當權聾瞽安高位，億萬蒼生盡日啼。

右花左五　陳欽財
滔滔言論似鳴雞，大眾心聲玉尺齊。廣益民生韜略賴，金甌永固福群黎

左四右七　李宗波

無冕橫加有冕詆，三台上下共沉迷。揚清激濁全民識，聲醒傳媒玉尺齊。

右四左二十　葛佑民

長堤信步夕陽西，命舛時艱莫怨淒。切切民聲揚眾意，唯求善政護群黎。

右五　唐玹櫂

國風瞬變世情淒，朝野相煎苦庶黎。龍德猶應知豹隱，蓬壺再創志同攜。

右六左十　洪世謀

欲達天聽似馬嘶，東風依舊夕陽西。民生苦海何時淨，待有廉司濟庶黎。

左七　蕭煥彩

草偃風行德政兮，安居樂業喧聲題。族群融洽人民盼，兩岸雙贏發展齊。

左八　葉昌嶽

心憂亂象不平啼，上達民情表話題。眾意成城來決議，國家福利富強齊。

右八　林禎輝

民聲發動似雞啼，社會難安日苦淒。若要和平行正道，自然國定更家齊。

左九右三十　　陳麗卿

蜩螗政局苦群黎，怨似奔濤恐潰隄。面犯龍顏聲諤諤，輿情不厭效雞啼。

右十　　林瑞龍

天聽天視自黔黎，此日民聲入筆題。百載騷壇牛耳執，敢期本社作鳴雞。

端陽組例會七月一日於吉祥樓餐廳。值東：姚啓甲、林正三、張耀仁、歐陽開代、洪世謀、洪淑珍、張民選、陳碧霞、陳麗卿、陳麗華、游振鏗、蔡業成、楊振福、高清文、余美瑛、王尙義、鄭中中。

圓山懷古

左詞宗　蔣孟樑先生選
右詞宗　張錦雲先生選

左元右眼　　鄭中中

碧岑不老共蒼穹，看盡斜陽幾度紅。擲劍澄潭傳說在，架橋跨浪昔今通。朱樓點破青山色，貝塚埋藏遠古風。信步追懷斯是我，來年誰與此心同。

右元左十八　洪玉璋

山枕基河接淡津，內湖相擁士林鄰。巢尋太古痕終杳，劍墜寒潭跡已陳。
歷代興亡徒感慨，割台奸佞任沉淪。登臨我對招魂塜，低首無心話劫塵。

左眼右二九　游振鏗

圓山貝塜證滄田，文化多層重史篇。太古巢空風教在，劍潭寺徙磬鐘沿。
當年紫電凌天際，此日荒碑立岸邊。景物看隨時世易，吟情無限憶從前。

左花右十九　張民選

仙區豈只負維英，百載滄桑觸目驚。剪影難留當日勝，流光早沒往時榮。
巢思太古吟風景，橋憶中山逝水聲。寂寂閒潭斜照後，有無劍氣夜空橫。

右花左八　陳炳澤

圓山地處淡江邊，貝殼成堆百代前。凱達原民行狩獵，閩人漢族力耕田。
古巢廢圮詩聲寂，神社移除柱石蠲。佇立懷思多感慨，臨風追憶世時遷。

左四右三七　黃義君

滾滾流痕點點斑，基隆河水遶圓山。劍潭寺有蹤堪見，太古巢無跡可攀。
嶺頂貞松思送雁，堤邊幽草憶迎鷴。卷舒開謝任憑吊，奚對斜陽悵半般。

右四左三四　孫秀珠

蓬萊清淺緬瀛洲，先史蠑螺塚尚留。千載紅塵埋往跡，一輪明月照歸舟。
浮雲過眼圓山外，蔓草侵階古渡頭。欲向痲姑問桑海，天心人事總悠悠。

左五右七　李珮玉

客樓紅閣矗圓山，景物殊移一夢寰。太古巢空人已渺，劍潭寺徙雁仍還。
猶懷釣餌垂橋側，卻見車龍繞水灣。細數塵間興廢事，匆匆逆旅幾曾閒。

右五左三三　許哲雄

基隆河畔貝丘巔，亂石殘陶憶史前。太古巢空如一夢，劍潭波靜自千年。
撫今神社泥中跡，追昔文園筆下天。不忍政爭鄉土化，故人遺緒恐無傳。

左六右二四　陳麗卿

滄桑久已誤仙寰，劍氣銷沉水一灣。寂寂巢空懷太古，堂堂橋拆憶中山。
歸帆影杳舟遷渡，暮鼓聲稀寺遠圜。五百完人祠外望，猶餘殘照綴斒斕。

右六左四二　林瑞龍

圓山貝塚啓文明，勝蹟登臨萬感縈。太古巢空遺舊德，劍潭寺僻訴冤情。
花開花落荒碑識，朝滅朝興正史評。天地悠悠人百歲，石光蝸角又何爭。

左七右九　葉昌嶽

四望峰巒景色嬌，劍潭波浪自飄搖。中山橋徙人何在，太古巢空事已遙。
歲月更移如逝水，海桑變化認前朝。當年神社蒿萊處，今看朱樓聳漢霄。

右八　賴添雲

青龍臥地護鬚榮，瑞氣含珠化育成。貝塚陶堆藏遠蹟，圓山文化見遺情。
康熙帝代湖邊島，民國初年動物營。更看中山橋不在，海桑感慨陡然生。

左九　陳麗華

緬懷故蹟動吟襟，逸興遄飛勝境尋。太古巢空驚客思。劍潭寺可慰人心。
千年貝塚沙塵沒，四季圓山草木深。世事滄桑饒悵望，讀碑感舊嘆浮沉。

左十右三八　姚啟甲

一世儒宗姓氏揚，巢名太古並留芳。巍峨神社根基杳，錦繡文章教化長。
露濕崇樓朝代換，人登聖廟篆煙香。隔江劍氣應猶在，樹德門庭再發皇。

右十左三一　黃祖蔭

見證滄桑太古巢，依稀貝塚隱蓬蒿。延平劍跡仍崇祀，大社倭靈早逐逃。
老宿門牆尋杳杳，天廚酒肉享滔滔。今來影照基河水，面目皴兮頂不毛。

左詞宗黃祖蔭先生選
右詞宗蔡業成先生選

次唱：江城覓句

左元右三八　陳麗卿
長流迤邐繞樓臺，臨岸聽潮賞景來。欲覓珠璣何處好，稻江風月莫須猜。

右元左三六　游振鏗
承恩門外一徘徊，無限詩情逐面來。不畏薰風尋好句，奚囊滿貯費心裁。

左眼右三九　周福南
高樓極目七星隈，十里波光淡海洄。夾岸螢橋堤樹翠，靄雲寄語畫船來。

右眼左二九　陳碧霞
淡水江樓逸興催，尋詩欲效八叉才。千帆過處煙波闊，漁笛穿雲入句來。

左花右二九　楊東慶
水殿涼生漫步來，槐陰嘒嘒客思催。清吟雅韻饒詩興。十里江城錦繡堆。

左花　高銘貴

人文鼎盛冠三臺，雄健風流茁鳳才。漫步稻江擒妙興，奚囊句滿趁時催。

左四右十一　李宗波

尋詩踏遍淡江隈，誰寫山川錦繡才。我亦嘔心師賈島，攜囊索句賦歸來。

右四左五　王啟文

斜陽照影翠屏開，萬里江波逐浪來。滬尾春帆何處去，祇留鷗鷺話丹臺。

右五左十一　劉清河

滌暑清風入座來，尋詩適意笑顏開。吉祥樓詠螢橋月，佳句催成酒百杯。

左六右避　蔡業成

濱江城外獨徘徊，覓句尋幽亦快哉。雨後荷花嬌欲滴，迎人竟日笑顏開。

右六左十二　葉金全

稻江綠水百花開，秀麗風光逸興催。次第悠遊尋勝景，珠璣拾得滿囊回。

左七右十　駱金榜

逭暑攤箋亦快哉，江城藻薈久徘徊。忘飢終日渾無覺，直到詩成踏月回。

右七左十四　洪淑珍

六月江城榴正開，尋詩喜到稻江隈。薰風披拂吟懷豁，煙景奚囊滿滿堆。

左八右四五　許秉行

不愛囂塵愛水隈，浪煙蜃雨擁船開。稻江發棹芝蘭港，半日逍遙傑句裁。

右八左三一　吳錫昌

江城仲夏眾花開，齊聚鷗朋把句裁。幾次琢磨難愜意，愧無李杜掞天才。

左九右三二　蘇心絃

首善江城獨占魁，繁榮進步好徘徊。騷人覓句吟無盡，可喜龍山跡未摧。

右九左十三　姚啟甲

長夏江城韻事開，爲求麗句細敲推。錦心繡口乘時得，何畏浮名擾暑來。

左十右二一　林瑞龍

稻江商埠早先開，四海洋船載貨來。潮漲依稀痕可認，笙簫冷落舊亭臺。

中秋組例會九月二十三日於台北市吉祥樓餐廳。值東：林振盛、許哲雄、葉金全、許又勻、甄寶玉、李珮玉、林禎輝、洪玉璋、陳炳澤、黃天賜、黃廖碧華、駱金榜、蘇逢時、高銘貴、林李玲玲、黃明輝、王尙義。

網路科技

左詞宗黃鶴仁先生選
右　　吳東晟

擬作　　吳東晟

閉門依舊競時髦，萬事開機僕代勞。眼界何愁千里遠，腹書難伐五車高。
強奴本領驕庸主，敲鍵功能屬捉刀。莫訝須彌鍾芥子，尋常拍賣致蒲萄。

左元右三二　　陳保琳

網路神奇世界通，多元效用越時空。聲傳海角迢遙達，訊遞天涯咫尺同。
奧理交流欣有賴，新知教學喜無窮。尖端科技嘉猷創，造福人群建偉功。

右元左二一　　黃祖蔭

夢想成真不費猜，而今湧向眼前來。移山倒海三千界，喚雨呼風一獨裁。
待兔螢屏多訊息，亡羊網路任徘徊。研機數位憑君慧，古怪稀奇面壁開。

左眼右十　古　槐

人逐潮流網路時，裝成軟硬體爲基。公私便捷功能最，音影清新變化奇。
資訊包羅真萬象，寬頻納引到無涯。箇中世界看難盡，老我庸才愧不知。

右眼左三二　歐陽開代

順風千里榜封神，孰料今朝竟化真。夷漢天文無數籍，古今地理一機春。
雲山隔斷何謀面，網路傾談若比鄰。分秒推新資訊界，誰疑凡世勝仙宸。

左花　李珮玉

新科世代技無窮，電腦功能大不同。上網搜尋資訊泛，臨場報導見聞豐。
親朋隔距千山遠，音像傳輸一指通。部落格交流琢句，騷盟廣結貫西東。

右花左四　陳麗華

科學昌明日日新，傳輸資訊更驚人。太空攬勝今非幻，電腦求知事已真。
地控衛星能殺敵，詩題網路別藏春。更聞祭祖無勞頓，線上追思拜鬼神。

右四左四一　余美瑛

彈指能聞天下事，深居可作眾人師。千山萬水眸前現，五史三經掌內窺。
細緻晶圓雖體小，密藏訊息盡須彌。風雷一夕乾坤變，網路全消欲寄誰。

左五右十一　張耀仁

於今科技極昌明，滑鼠游移覽物情。部落登文刊一格，騷壇鬥句聚群英。
頻看電腦螢光燦，慣讀新聞字眼清。網路視窗掀巨變，遂知社會競繁榮。

右五左九　葉金全

網路流通一線牽，不分遠近顯機前。諮詢即刻音書送，響應隨時資訊傳。
師友文章相切琢，古今詩賦共探研。誠知電腦多神妙，碟片儲存納百篇。

左六右二七　林瑞龍

資訊全球網路通，尖端科技歎無窮。手機小巧多元化，電腦精微數位充。
股市操盤連晝夜，軍情較勁跨時空。文明利器刀雙刃，善用得宜方有功。

右六左十六　陳麗卿

資訊當紅炸子雞，厚生利用惠群黎。五洲風物雙眸現，奕代人文一指稽。
壇坫交流憑此拓，工商發展賴之躋。日新科技功無比，泥古冬烘莫執迷。

左七右三七　張民選

資訊相通一線牽，功能巨細概齊全。工商何必舟車動，財貿猶堪利益綿。
銀幕瀏看知世界，潮流跟進傲神仙。今將網路揚風雅，宇內長敦翰墨緣。

右七左二四　　　　　　　　　　　　姚啟甲

電傳資訊創新猷，一指神通可自謀。雅虎搜珍無暇日，奇摩交友滿全球。
古今典籍螢屏讀，天下風光網路遊。最愛晨昏詩思起，章成共賞及時郵。

左八右三六　　　　　　　　　　　　蔣夢龍

時代昌隆技術興，日新月異創文明。三千世界聯消息，咫尺天涯現影聲。
網路暢通環宇宙，頻資架設播縱橫。台灣產品揚中外，國際銷售負盛名。

右八　　　　　　　　　　　　　　　王啟文

客住天涯萬里程，但憑玄鼠放形聲。空靈悟出無窮路，幻眼賒來一世情。
古藉詩書登虎榜，今敲指鍵響芳名。清觀百業循依靠，運作隨心巧自成。

右九左十　　　　　　　　　　　　　葉昌嶽

文明世界日維新，網路優遊夢幻真。跨越時空千里會，傳輸訊息瞬間臻。
工商管理趨方便，學政交流尚可珍。大隱能知天下事，今之科技巧無倫。

次唱：秋月吟

左詞宗蘇逢時先生選
右詞宗張錦雲先生選

左元右二四　蔣夢龍

今夜西廂玉兔新，飄香桂子更宜人。行吟且和青蓮句，獨酌徘徊與月親。

右元左二五　鄭中中

萬里長空掛一輪，三更如水夜無塵。蟾光公道惟知爾，不獨朱門亦照貧。

左眼右三六　古　槐

桂魄今宵意別親，光輝遍地似鋪銀。清吟句得西風裡，邀飲成三藻思新。

右眼左十九　張耀仁

桂月蘆花淡水濱，高吟騷客倍精神。自由民主人人愛，島國從來不帝秦。

左花右十六　鄞　強

皓魄當空月一輪，飛觴對飲爽吟身。風騷最愛賡歌詠，得伴嫦娥樂雅人。

右花左三七　許欽南
金風玉露爽精神，丹桂飄香氣味新。一色澄明千里月，可憐長照別離人。

左四右三一　杜美華
涼秋廣漢玉輪新，鷗侶吟哦更有神。笑卻人間愁底事，狂歌不覺已清晨。

右四　邱進丁
霜風乍起氣清新，夜有銀盤渡漢津。不見吳剛征桂斧，時聞卯句鬪精神。

左五右五　周福南
蟬光滿地皎如銀，玉露金風皓魄新。好是嬋娟千里共，一觴一詠伴騷人。

左六右十八　葉昌嶽
秋風滌暑爽吟身，皓魄當空一望新。黃花搖曳堪邀飲，對影成三句入神。

右六左三九　黃祖蔭
老去依法是客身，西風落葉總傷神。嫦娥不吝關懷意，故把清輝照世人。

左七右二二　林振盛
中秋節屆爽吟身，漫步庭前賞月輪。堪比成三追李白，嫦娥對影及時珍。

右七左十　陳保琳

秋來碧落掛冰輪，萬里金波不染塵。月下清吟詩興發，誰來伴我度良辰。

左八右三四　蘇心紘

詩吟秋色月華勻，光泛寒門絕俗塵。獨抱仁心銷暮景，凌霄兔魄伴騷人。

右八左二七　洪淑珍

雲端捧出一輪新，遍照良宵無點塵。此夜相望誰與共，幾多愁思觸幽人。

左九右三三　駱金榜

金風玉露正宜人，皓魄當空面目新。竟夕梧庭吟唱樂，騷朋和詠到清晨。

右九左三四　徐世澤

奔月嫦娥不顧身，吳剛弄斧豈言真。新潮美國高科技，阿姆思莊敢問津。

右十左十六　洪玉璋

旗亭呼酒鷗鷺親，不負良宵翫桂輪。翻憶團圓觴詠樂，天涯恐有未歸人。

冬至組例會十二月二十三日吉祥樓餐廳。出席五十五人。值東：翁正雄、李宗波、康濟時、賴添雲、陳漢津、邱進丁、徐世澤、許文彬、許秉行、葛佑民、鄞　強、蕭煥彩、蘇心紘、張建華、陳保琳、楊東慶　楊志堅、吳秀真。

解　憂

左詞宗洪龍溪
右詞宗許又勻詞長選

左元右三五　甄寶玉

人生難百歲，卻有萬般憂。愛恨纏綿苦，功名夢寐求。惟飛觴共醉，或秉燭同遊。底事吾堪託，琴書俗慮休。

右元左三三　林禎輝

人生無滿百，執著苦煩稠。萬事能看破，千般不用愁。謙和容眾物，禮讓敬朋儔。知足常為樂，清心必改憂。

左眼右十九　許欽南

難挽青春逝，常懷千歲憂。因緣欣再締，福慧喜雙修。逸韻澄波漾，清吟爽籟幽。詩書供咀嚼，妙筆解人愁。

右眼左七　　洪嘉惠

心寬天地闊，萬事豈強求。酒酌三杯懌，詞擒一字悠。
飢寒堪煮史，惱怨且焚仇。但法尼山道，居仁不染憂。

左花右二四　　陳寶琳

鬱悶縈身繞，逶迤待掃除。消愁宜迅速，振奮莫躊躇。
腦淨霾煙剿，心清浩氣儲。痴詩仍醉墨，得趣樂眉舒。

右花左三十　　李玲玲

花落水長流，人生幾度秋。利名何足貴，恩愛更添愁。
藉酒拋塵事，忘情學野鷗。心澄無得失，破執解端憂。

左四右避　　許又匀

人生常感慼，何不化其愁。賢侶同談道，吟朋共唱酬。
屢懷忠義念，每切慧慈修。意正心長淨，怡然自改憂。

右四左十四　　林瑞龍

告老江湖後，雲開掃積憂。迎曦晴岫曠，伴月晚溪幽。
寵辱隨煙滅，興衰任水流。餘生歸造化，鷗鷺自悠悠。

左五右九　蘇逢時

樂天皆不怨，知命復何求。得意雲中鶴，忘機海上鷗。
賦詩能遣興，酌酒也風流。我效萊衣舞，娛親可解憂。

右五左三四　翁正雄

消愁浮大白，遣悶讀南華。便覺吟懷暢，閒看月影斜。
風流誇秀士，曠達樂生涯。鬱悒全拋了，飛來解語花。

左六　徐世澤

物價微微漲，薪資似減刪。中年頻失業，大畢卻居閒。
長輩無良策，兒孫更野蠻。千憂何以解，節約體時艱。

右六左二十　洪純義

天傾抱杞憂，壓力豈能留。即欲三千斷，惟宜佛道求。
虔誠般若誦，誓願毒龍收，興約鷗盟萃，逍遙縱筆遊。

右七左十六　黃廖碧華

人生難十美，孰可永無憂。失敗能宏志，成功更上樓。
彈箏添逸興，繪畫倍神悠。知足開懷笑，清心自遠愁。

左八右二一　　王尚義

世亂無才濟，悠然賦隱居。馳神山與水，遣興畫兼書。
人比嵇康懶，懷如靖節疏。俗情渾不管，百慮自消除。

右八左九　　黃祖蔭

作易云憂患，耆年況味深。燒愁多酒助，放逸獨詩尋。
俯仰唯無欲，慈悲賴寸心。明朝隨大化，燦爛在雲林。

左九　　蕭煥彩

政局長紛擾，人民時怨尤。而今宜忍苦，此後可離憂。
載道追韓愈，吟詩效陸游。和衷當共濟，協力挽狂流。

左十右三四　　洪玉璋

八年藍綠鬩，政亂未曾休。經濟蕭條甚，工商次第收。
詩難舒我鬱，酒可釋人愁。瀛社逢高會，旗亭韵事修。

右十左二七　　高清文

撫琴心靜定，吟唱遠凡塵。曉月千江映，朝陽萬物親。
深思疑惑解，淺酌鬱憂湮。莫羨朱門顯，東籬自在身。

次唱：冬暖

左詞宗黃祖蔭
右　　劉清河先生選

左元右元　孫秀珠

今年臘月暖如春，不見遙山點點銀。應是有情天地闊，留些淑氣厚吾人。

左眼右十一　陳漢津

銅缽敲殘日似春，苔岑暖契稻江津。感時菊蕊埋幽徑，卻怨梅花放不勻。

右眼左二三　葉金全

論時已過小陽春，香滿南枝梅萼新。煦日明山遊正好，吟朋結伴樂佳辰。

左花右十六　林振盛

節氣周流次第輪，三冬尚覺煦如春。朔風不動吟懷爽，寶島生機萬象珍。

右花左二七　許秉行

煦煦微陽灑我身，爐香薰蘊午煙勻。珠林靜寂參禪好，蓬島猶如五嶺春。

左四右十七　　洪玉璋

玄冥欲盡暖如春，不著重裘別有神。吟興試將心曲寫，一番拈出一番新。

右四左二四　　陳麗卿

冬來竟爾一如春，雨霽天晴景物新。梅蕊橫柯渾若雪，豐年有兆利吾民。

左五右九　　李宗波

寒流未至暖如春，脫却狐裘倍有神。自愛負暄兼曝背，不愁霜雪冷侵身。

右五左二二　　楊東慶

臨冬猶暖似陽春，詩酒聯歡萃鷺親。雅興舒情佳句得，吟聲朗朗爽精神。

左六右二十　　蘇逢時

寒雲歛跡爽吟身，大地氤氳過小春。儂與趙衰為益友，光輝麗日暖黎民。

右六左二八　　許又匀

松青梅郁喜嘉辰，冬日洋洋好暖身。趁此扶欄登閣去，雲天一望豁精神。

左七右二四　　邱進丁

寒流減作爽吟身，不復當年欲凍人。鷗鷺鳴空梅少綻，同聲賦句淡江濱。

右七左十五　　余美瑛
日照南枝暖九垠，分冬應節待華新。天教寶島無寒雪，倚靖妖霾萬象春。

左八右二九　　黃廖碧華
年終日暖景奇新，啼鳥迎曦頌美辰。難得隆冬花似錦，還疑此刻正當春。

右八左三二　　洪龍溪
葭冬日暖爽精神，瀛社鷗朋笑語親。入眼梅花爭艷放，尋幽覓句稻江濱。

左九右十九　　翁政雄
吉祥樓近稻江濱，冬日風和笑語親。瀛社百年將大慶，高吟先醉甕頭春。

左十右二二　　許欽南
卻欣臘月氣如春，免著貂裘免累人。深谷層峰回暖候，梅魂乍醒逞精神。

右十左避　　黃祖蔭
三冬孰料漾炎塵，大地焦傷況老身。欲問梅花消息杳，洪荒再現果然真。

九十七年度戊子

第一屆第三次會員大會九十七年三月十六日假天祥路吉祥樓餐廳舉開，出席七十餘人

百花生日壽花神

左詞宗黃祖蔭
右　　林正三　先生選

左元右四　王　前

心香一炷酒千卮，壽頌花神二月時。人謁蕊宮欣紀節，客探瓊苑競題詩。
願天急詔春光駐，浥露常憂夜雨欺。每到佳辰齊祝嘏，芳齡欲問有誰知。

右元左十　蕭焕彩

鶯啼宛轉放晴空，二月鵑城瑞氣融。祝嘏人來歡席上，稱觴酒飲賦樓中。
還登史館吟高調，更訪名園賞嫩紅。佳節壽花人並壽，群芳競艷舞春風。

左眼右三二　張耀仁

群芳競艷稻江濱，瀛社昌詩九九春。蝶舞珠宮充蝶使，花開杏月賀花神。
拈題頌壽騷翁樂，鼓瑟傾觴勝友親。兩誕時同天撮合，問君此日惦何人。

右眼左二四　張民選

嫣紅姹紫景如詩，二月群芳慶誕時。蝶板謳歌酬上苑，鶯簧奏曲獻春祠。
禱文筆倩王摩詰，惜玉情牽杜牧之。此日稱觴瀛社友，花前同醉祝期頤。

左花右十二　洪嘉惠

爲愛芳辰助賞紅，春敲鉢韻醒幽叢。鶯姬蝦頌歌香國，蝶友觴傾舞蕊宮。
爛漫草山君子節，繽紛稻市大夫風。玉葩輝映蓬瀛月，鼎祚花神壽不窮。

右花左四一　林玉枝

和風暖日滿園妍，祝蝦親香頂禮虔。偶降甘霖芳四海，頻邀彩蝶麗三千。
錦心賞卉詩腸健，繡口尊花墨客先。瀛社騷人吟韻雅，芝蘭獻佛設瓊筵。

左四右三九　李珮玉

春臨大地蕾臨枝，插鬢裁繒二月時。願效玄微懸帛護，亦憐黛玉惜花痴。
夭桃豔杏添園色，雅客騷人賦賀詞。瀛社葩神同慶蝦，千苞馥溢十方瀰。

左五　洪玉璋

爲祝花朝引興長，裁詩剪綵護群芳。名園名士頻誇紫，佳種佳人細品黃。
艷色千枝饒雨霽，濃馨萬朵占春光。女夷瀛社同生日，九九齡登晉壽觴。

右五左十九 許欽南

春到花朝鬥艷妝，女夷令誕喜洋洋。珠宮詩獻南山頌，金谷杯傾北海觴。
細囑鶯簧歌妙曲，尤期蝶板奏新章。我來祝嘏吟懷暢，願乞騷壇筆蕊芳。

左六右九 孫秀珠

繁枝蕊綻迓芳辰，淡抹濃妝萬象新。上下流旛千遶樹，古今擊缽半遊春。
霞飛五彩江山畫，客至多情筆墨親。瀛社百年同祝壽，哦詩把酒賀花神。

右六左四二 蔣孟樑

滿園淑景慶芳辰，設帨稱觴賀好春。花下題詩羞醉客，蕊間舞蝶媚騷人。
蓬萊紫氣雲山美，瀛社詞章錦繡新。日麗風和香世界，瓊筵祝嘏悅吟身。

左七 余美瑛

二月霞繒如草聖，三春饗宴正花朝。女夷拾翠增妍媚，粉黛良辰撲蝶嬌。
淨雨金杯迎盛會，天華玉種下塵霄。思將陌上粧成壽，祝嘏東君錦字挑。

右七左十八 蔡業成

百花生日壽花神，萬紫千紅浩蕩春。燕剪深溪分上下，鶯梭芳樹幾逡巡。
映霞照日桃腮艷，帶雨含煙柳眼新。四望河山堆錦繡，稱觴祝嘏醉良辰。

左八右二七　　甄寶玉

淑氣暄和二月中，周圍錦簇燦嫣紅。尋香撲蝶迎春訊，品茗摛詞尙古風。
史館千姿花藝展，騷人百首藻文雄。群芳壽誕歡無極，瀛社吟聲震碧穹。

右八左二五　　陳麗卿

蝶板鶯簧頌令辰，千紅萬紫壽花神。成蹊灼灼夭桃嫩，遍野緋緋艷杏勻。
畫閣觴飛酣永夕，詩家撮祝賀長春。心香默禱韶華駐，莫遣芳菲付劫塵。

左九　　賴添雲

月露雲蒸草木滋，良朝綠錦秉天知。含苞白杏香初發，裂萼紅鵑色漫枝。
紫蝶騰歡忙擊板，銀鳩呼伴再修詞。春山遍染迎花誕，蜜釀盈樽獻壽詩。

右十　　洪淑珍

絕好韶光春半時，繁華錦簇占高枝。和風輕吻芳菲媚，麗色徧敷蜂蝶癡。
藻薈江山開勝景，賞遊羅綺賦新詩。人天有慶祥雲滿，設讌稱觴壽女夷。

次唱：稻江春晴

左詞宗劉清河先生選
右詞宗翁正雄

左元右十一　蔣孟樑
日麗風和百鳥鳴，稻江景物最多情。高吟猶憶維英句，閒步長隄夕照明。

右元左二六　張錦雲
陽和氣暖地天清，紅紫舒苞萬物榮。更盼春暉同大選，稻江瑞色象昇平。

左眼右十八　蔡業成
柔風暖日稻江行，柳色花光照眼明。煙景迷人渾欲醉，綠陰深處囀黃鶯。

右眼左十八　陳漢津
會開擊缽賦江城，句句珠璣欲說晴。筆到無邪心自暖，胸中錦繡結春盟。

左花右十四　洪世謀
青帝司權綺陌迎，稻江霽色覺幽情。呼朋載酒花間醉，喜聽呢喃第一聲。

右花左十一　楊東慶
萬里熹光萬里明，稻江旖旎好風迎。芳菲遍賞詩懷暢，橐筆紓來老杜情。

左四右十三　邱進丁

江悠日暖綻紅櫻，悅鳥林中自在鳴。花影風搖蜂蝶舞，柳隄鵑岸麗人行。

右四左二四　歐陽開代

二月長陰終放晴，稻江戲水鷺鷗鳴。可憐選舉忙群士，惟有阮嵇欣岸櫻。

左五右七　許欽南

春雨霏霏乍放晴，綠陰深處好怡情。稻江二月風光好，一路看花照眼明。

右五左十四　徐世澤

稻江遊艇笛長鳴，迪化街頭貨品盈。賓客萬千齊北上，暢遊淡水樂春晴。

左六右十六　洪淑珍

日正陽和百鳥鳴，繁花似錦賞心迎。碧波掩映江樓麗，好景咸知兆太平。

右六左避　劉清河

尋春攜眷上陽明，二月東風尚有情。最是高樓遙放眼，稻江如帶暮雲平。

左七右三二　孫秀珠

雲收霽色耀鵑城，草潤芳華日暖生。蝶舞鶯啼春繞柳，共吟錦繡美江情。

左八右十五
稻江春暖雨初晴，岸柳山櫻並競榮。麗日花辰鷗鷺集，揮書獻賦頌昇平。　葉金全

右八左三一
雨霽山南一望明，稻江緩步聽鶯鳴。雲移曲岸遲遲影，隱隱來傳叱犢聲。　王　前

左九右十
盛世重張民大亨，春風荐及滿鶻城。江流不息花常發，一片弦歌大稻埕。　黃祖蔭

右九左十
風和日麗滿鶻城，萬紫千紅瑞象呈。但願泰來驅否去，繁華安定樂昇平。　黃廖碧華

元春組例會九十七年五月十八日於吉祥樓餐廳。值東：陳欽財、蔣孟樑、李政村、張錦雲、王　前、林麗珠、許欽南、曾銘輝、蔡伯楝、林瑞龍、廖茂松、唐玹櫂、楊錦秀、洪龍溪、周福南、洪純義、孫秀珠

理想國

左詞宗　揚振福
右詞宗　李舒揚
詞長選

左元右二十　游振鏗

莫分藍綠力圖強，禮運大同如意方。民步豳風堯舜日，政謀憲治漢唐鄉。
工商拓展財經旺，文教宏興禮樂揚。四境安和煙景麗，家家樂利享禎祥。

右元左花　楊錦秀

理想之邦在海東，四時都見萬花紅。山川靈秀民淳樸，政治清平物富豐。
科學昌明資訊速，人文發達貨財通。自由信仰興宗教。道德推行進大同。

左眼　陳欽財

柏拉圖氏擬神鄉，立說成書史頌揚。羨慕桃花源樂境，堅持理想國天堂。
無私處處真情露，均富人人本意張。八德四維臻博愛，自由民主喜洋洋。

右眼左二七　王　前

肇造中華萬象熙，主權重握振綱維。廉能政府符民望，建設財經固國基。
扭轉生機看巨臂，甦醒元氣急燃眉。居安飽腹今當務，理想虛談實可疑。

右花左二一　許又勻

寰宇縱觀國邑多，堪稱郅治待吾歌。清平瑞士封魁冠，福利芬蘭奪甲科。
民主自由揚正義，人文聖道泯偏頗。心儀社會淳風佈，理想鄉邦萬事和。

左四右二四　洪世謀

山河四序著眸青，物阜年豐不夜扃。處處宜居仁里美，人人尚道德風馨。
惟才任重興時政，在位節清承典型。但使廟堂私利棄，可臻泰景福生靈。

右四左五　張耀仁

理想之邦不易求，全民決意我無尤。台灣獨立人權護，世界昇平戰火休。
扶弱條文成妙策，圖強法案作嘉謀。廉能執政期樞府，指日蓬瀛變禹州。

右五左二八　李宗波

邦名烏托衆推崇，天下爲公進大同。夜不閉門相守望，路無扒竊蔚淳風。
自由平等民安樂，幸福生存歲兆豐。比擬桃源新願景，追求理想國昌隆。

左六右十七　李政村

造福中華息鬪爭，同爲經濟向前行。理臻兩岸恩仇化，局現三通老幼迎。
想起文攻連武嚇，應除飛彈促和平。國施仁政無貪宦，科技興邦進世盟。

右七左十三　蔣夢龍

尋得桃源真理想，安居佛國得逍遙。人民知足胸懷澹，道德修持智慧饒。
四海歸心邦郅治，萬家均富政和調。大同世界江山麗，兩岸雙贏惡鬪消。

左七右九　蕭煥彩

四海訪尋堯舜天，大同國度自由先。為公誠信非空說，修睦和平是必然。
己達達人人有利，居安安業業無偏。廉能法治真民主，理想家邦禮運篇。

右七左三十　葉金全

唐虞揖讓太平年，吏治廉能道德先。明府籌謀為眾庶，樞庭燮理任高賢。
安居淡北須知福，樂業蓬萊要惜緣。如此家鄉何處覓，大同盛世頌聲傳。

左八右二一　洪嘉惠

主權疆土築安窩，誠信交融種族和。鼎定根基登衽席，邦崇法治懾妖魔。
江山喜結生財果，朝野同彈正氣歌。德政風揚文化雅，人人幸福自由多。

右八左十一　王尚義

江山錦繡永如春，物阜民豐盡寶珍。賢吏無私施德政，蒼黎有幸沐天倫。
食衣互濟濡桑梓，苦樂同擔漫里鄰。借問武陵何處是，蓬萊重現夢成真。

右九左二二　陳保琳

以民為本古言鏗，德化淳風治法明。社會祥和維正義，家庭樂洽現溫情。
邦交穩固干戈息，內政廉能亂象平。境界期臻真善美，堯天舜日福蒼生。

左十右二八　洪龍溪

新賢英九策興中，百姓歡欣進大同。整頓治安心更切，提升經濟志無窮。
外交拓展邦基固，內政修明運勢隆。舜日堯天旗再現，國家強盛庶民豐。

右十左十七　林玉枝

人間理想是淳風，經濟均衡致大同。國富民尊超美澳，文昌士貴越西東。
一心守正江山秀，百念存誠社稷融。禮義興邦無竊盜，太平盛世物豐隆。

次唱：蒲　酒

左詞宗　林正三先生選
右　　　洪玉璋

左元右十五　洪淑珍

酒泛菖蒲香滿樽，淺斟應節更袪瘟。吾人善俗欣猶在，持向中天祭楚魂。

右元左十四　葛佑民

香蒲製酒注芳樽，憑弔靈均振國魂。正是詩人逢令節，愚忠千載壯乾坤。

左眼右二八　鄞　強

午日何妨醉酒罇，詩盟雅士壯騷魂。辟邪延壽蒲觴飲，喜與高人對楊論。

右眼左二二　李宗波

端陽釀酒以蒲溫，暢飲騷人醉一尊。我弔曹娥還弔屈，忠臣孝女義仁門。

左花右二三　余美瑛

琥珀蒲觴酹楚魂，離騷志節震乾坤。湘江角黍香如故，振藻蘭馨我是存。

右花左二三　張耀仁

蒲釀流霞貯滿罇，節逢端午弔忠魂。三閭正氣千秋仰，今古伊誰得比論。

左四右六　蔣夢龍

菖蒲佳釀備清樽，節屆天中弔屈魂。却病除邪延壽酒，三湘楚俗探根源。

右四左十五　楊錦秀

端陽蒲釀入金樽，除疫驅邪韻事存。遙祭湘江增感慨，吟朋咸集弔騷魂。

左五右十三　蔡飛燕

雅客聯吟弔屈原，蒲觴競飲壯騷魂。何當此日華詞獻，艾草高懸護子孫。

右五左二五　　林瑞龍

蒲觴五日溯淵源，耿耿孤終懷屈原。留得騷經傳萬世，至今含淚弔英魂。

左六右四十　　鄭中中

浴蘭時節弔忠魂，蒲酒金樽遠禍根。往事前程頻入眼，寫成詩句欲掄元。

左七右三十　　許又勻

薰風習習粽香噴，端節團圓蒲酒醇。淨境除邪銜一口，人人百疾了無痕。

右七左二九　　曾銘輝

節屆天中弔屈原，菖蒲佳釀振騷魂。一杯消去人間穢，留取清香淨國垣。

左八右十四　　洪龍溪

端陽楚俗溯中原，延壽驅邪蒲酒樽。爲紀靈均添韻事，舉杯暢飲壯騷魂。

右八左十八　　蕭煥彩

門懸劍葉艾旗翻，酒釀香蒲弔屈魂。吟宴偏聞川震害，無心過節共傾樽。

左九右三二　　陳保琳

節屆端陽葉掛門，鋒芒利劍辟邪瘟。欲持蒲酒湘江弔，一部離騷盡屈魂。

右九左二八　陳欽財
立夏炎威百毒繁，淨身滅菌固三元。精心蒲酒端陽釀，健體強邦慰屈原。

左十右三一　游振鏗
九節菖蒲香氣溫，今人浸酒古風存。炎瘟藉辟塵間淨，更向遙天祭楚魂。

右十左三一　葉金全
酹酒淡江懷屈原，菖蒲艾草插家門。千年嗚咽湘潭水，似弔騷人正氣魂。

九十七年端陽組七月十三日於吉祥樓餐廳。值東：姚啓甲、林正三、張耀仁、歐陽開代、洪世謀、洪淑珍、張民選、陳碧霞、陳麗卿、陳麗華、游振鏗、蔡業成、楊振福、高清文、余美瑛、王尙義、鄭中中

逍遙一夏

左詞宗陳欽財
右　　翁正雄先生選

左元右四　蕭煥彩
薰風習習駕輕舟，也學逍遙莊子遊。北海賞豚頻逐浪，中台禮佛喜隨流。
尋涼靜坐幽篁裡，覓句清吟古渡頭。無受物遷人自在，閒情一夏勝王侯。

右元左八　張耀仁

逍遙我愛野人家，盛夏尋涼綠水涯。乘興吟詩兼作畫，投閒舉酒又煎茶。
山園處處栽柑橘，梯圃層層植李瓜。好是有緣探麗景，渾忘歸去月光斜。

右眼左避　翁正雄

逍遙避暑樂悠悠，日月潭邊繫客舟。絕好湖光收一夏，最佳山色勝三秋。
持竿垂釣清風送，擫笛橫吹倩影留。涵碧樓中開雅宴，消涼共愛萃名流。

左眼右十一　林玉枝

不因暑氣懶蹉跎，寺院虔誠禮佛陀。蓮友僧朋神氣悅，晨鐘暮鼓梵音和。
三生有幸修禪定，一夏無憂脫慾魔。攝受馨風身意淨，逍遙自在樂吟哦。

左花右九　洪龍溪

如焚大地火雲燒，避暑尋涼遠市囂。萬頃荷香荷葉展，千層稻浪稻花香。
浮瓜沉李吟懷爽，品茗敲詩逸興饒。對弈棋亭舒一夏，北瀛伴友樂逍遙。

右花左四　陳麗卿

燒空赤日正高懸，逭暑行踪出市廛。澗水潺潺喧枕上，松濤謖謖落窗邊。
荷花馨共心花放，蟬韻雅同琴韻連。莫道炎蒸無處去，卜居山野樂陶然。

左五右十五　楊東慶

赫赫驕陽火爍金，南薰習習助豪吟。敲詩得句雲千里，品茗忘機竹一林。
蘇澳冷泉清暑氣，圓通古剎發禪心。探幽莫問滄桑事，最是逍遙夢裡尋。

右五左四四　李宗波

薰風解慍聚詩星，郊野逍遙憩小亭。避暑偏勞揮羽扇，題襟尙喜倚欄櫺。
荷花浮水情何逸，帽影鞭絲興未停。俯仰江山添畫意，騁懷鎮日樂忘形。

左六右十九　洪淑珍

欲消暑熱散煩愁，一卡懷腰往澳洲。嬌獸奇禽誠可愛，名園綺景恣優遊。
帆迎海日金波蕩，夜數星辰紅酒柔。浪漫風情心意快，流連幾忘計歸舟。

右六左二八　洪玉璋

暑假身閒快若仙，淡江玩浪日流連。水爲醇醴湖爲盞，雲作縑緗地作箋。
萬字毫端開藻彩，千回腕底起松烟。寫就太平歌更喜，不知塵世有炎天。

左七右二二一　楊錦秀

炎威肆虐苦熬煎，驅暑逍遙避市廛。夏木陰陰聞鳥語，松濤陣陣奏絲絃。
山中坐挹清風爽，簷下吟邀素月妍。鷺侶怡心蠲俗慮，等閒真覺似神仙。

右七左三三　黃明輝

日杲杲兮溪水涼，薰風入室夢黃粱。不時兒女穿簾影，添得杯盤酌酒香。
酣樂從來三斗後，夜漫只爲一人長。蟬鳴噪曉佳朋處，相賞相娛暑氣忘。

右八左三六　陳麗華

一夏炎威感不禁，且從物外息機心。耽閒午榻書爲枕，得趣幽齋酒伴琴。
柳岸步看流水逝，竹亭坐對野涼侵。眼前好景寧輕負，惜此駒光寸寸金。

左九　余美瑛

傾杯雅集思風發，避客冰宮玩玉彫。倚劍揚天師項羽，臨荷弄雨拍芭蕉。
藏鐘梵牒聲希旨，乞鵲星河影紫霄。半逐雲山親野色，清歌一夏樂逍遙。

左十右十七　廖碧華

六伏天中熱欲狂，森林逭暑納清涼。曉登崗上迎初日，暮立溪邊賞夕陽。
樹下揮毫山水麗，亭中吹笛韻聲揚。炎炎一夏逍遙樂，神彩非凡逸興長。

右十　吳東晟

蟲臂鼠肝總認真，紛來變數轉車輪。事繁道阻真堪笑，天暑眠難但欲瞋。
風樹不因心境靜，笛歌來擾耳根頻。莊生文字終難詰，野馬如何等水塵。

次唱：大稻埕巡禮

左詞宗 黃祖蔭先生選
右詞宗 洪玉璋先生選

擬作 黃祖蔭

北地絃歌憶昔年，人文蔚起地行仙。回眸一覺繁華夢，彷彿當時不夜天。

左元右四十 許欽南

桑田雖變總難遷，迪化商機達萬千。多少樓台因致富，稻江往事感當年。

右元左三五 翁正雄

稻江重過訪高賢，虔謁城隍會酒仙。詩詠江山瀛社美，千秋詞賦永承傳。

左二右十二 陳麗卿

太平町口任流連，酒肉豗馳憶昔年。最是江山樓韻事，唏噓俊彥已成仙。

右眼左十一 李宗波

埕探大稻豔陽天，樓閣翻新異昔年。巡禮采風懷古蹟，登臨孔廟謁文宣。

左三右二九 楊東慶

中興橋下景無邊，霞海巍峨聳碧天。迪化街盈南北貨，題襟瀛社憶先賢。

右花左四　　　　　　　　　游振鏗

城隍五月鬧喧天，酒館江樓夜未眠。迪化比鄰遺舊址，兒時記憶現當前。

右四左二五　　　　　　　　蕭煥彩

大稻埕來訪隱賢，城隍禮拜盛香煙。還參孔廟詩聲朗，樓矗江山萬萬年。

左五右七　　　　　　　　　張耀仁

稻埕新市客摩肩，入眼高樓聳半天。曾是雞鳴村舍地，閒遊不見竹林禪。

右五左十　　　　　　　　　甄寶玉

城隍香火盛年年，南北商行貨品全。今喜碼頭新水道，渡輪直駛淡江邊。

左六右三九　　　　　　　　陳碧霞

昔日笙歌猶在前，書聲鬧市似雲煙。城隍霞海誠心佑，入夜人稀月影穿。

右六　　　　　　　　　　　陳麗華

大稻埕中勝概全，巡迴古蹟日流連。城隍廟靜香煙盛，石磬憑添一味禪。

左七　　　　　　　　　　　周福南

先民築埠淡江邊，霞海花燈燦樹天。燕舞笙歌車馬驟，圓環散策憶當年。

左八右十一 賴添雲

迪化街商百貨全，南洋艋舺水雙連。華樓富賈賢才聚，北府繁華早得緣。

右八 葛佑民

首都台北豔陽天，大稻埕街景萬千。巡禮縱觀詩遍地，奚囊塞滿樂陶然。

左九右三五 孫秀珠

巡禮鵲城別有天，延平古道鬥奇妍。渡頭百匯回眸事，笑看薰風戀舊年。

右九左十二 張錦雲

稻江巡禮締吟緣，迪化商圈覽大千。拜謁城隍天后後，圓環懷舊思綿綿。

右十左二四 李珮玉

舊時貿易淡江邊，衣帛珍材滿市廛。雖是今朝人漸少，風華再創盼如前。

國家圖書館出版品預行編目資料

十年題襟集/ 林正三總編纂;洪淑珍執行編輯.--初版.-- 臺北市：文史哲, 民 97.10
頁： 公分(臺灣瀛社詩學會叢書;特3)
ISBN 978-957-549-811-5(平裝)

831.86　　97019361

臺灣瀛社詩學會叢書　3

十 年 題 襟 集

總 編 纂：林　正　三
執行編輯：洪　淑　珍
出 版 者：文 史 哲 出 版 社
http://www.lapen.com.tw
E-mail:lapen@ms74.hinet.net
登記證字號：行政院新聞局版臺業字 五三三七號
發 行 人：彭　正　雄
印 刷 者：文 史 哲 出 版 社
發 行 所：文 史 哲 出 版 社
臺北市羅斯福路一段七十二巷四號
郵政劃撥帳號：一六一八〇一七五
電話886-2-23511028・傳真886-2-23965656

實價新臺幣六〇〇元

中華民國九十七年(2008)十月初版

ISBN 978-957-549-811-5